Richard Heinzel

Über die Nibelungensage

Europäischer Geschichtsverlag

Richard Heinzel

Über die Nibelungensage

1. Auflage | ISBN: 978-3-73400-225-0

Erscheinungsort: Paderborn, Deutschland

Erscheinungsjahr: 2015

Europäischer Geschichtsverlag ist ein Imprint der Salzwasser Verlag GmbH, Paderborn.

Nachdruck des Originals von 1885.

UEBER DIE

NIBELUNGENSAGE.

———

VON

RICHARD HEINZEL,

WIRKL. MITGLIEDE DER KAIS. AKADEMIE DER WISSENSCHAFTEN.

———

WIEN, 1885.

IN COMMISSION BEI CARL GEROLD'S SOHN

BUCHHÄNDLER DER KAIS. AKADEMIE DER WISSENSCHAFTEN.

Aus dem Jahrgange 1885 der Sitzungsberichte der phil.-hist. Classe der kais. Akademie
der Wissenschaften (CIX. Bd., II. Hft., S. 671) besonders abgedruckt.

Wenn wir die Berichte der Chronisten und Historiker über den Untergang des burgundischen Reiches und Königshauses in Germania prima durch zwei von König Gundicarius 437 gegen Aetius und die Hunnen verlorene Schlachten, über die Beziehungen des Aetius zu den Hunnen und zum römischen Hofe, über die näheren Umstände von Attilas Tode 453, — welche seine Gemahlin Ildico (Hildiko) allerdings verdächtigen konnten, — vereint mit der burgundischen Stammtafel in der von König Gundobadus vor 516 erlassenen lex Burgundionum,[1] der Sage von den Nibelungen, wie sie in deutschen und skandinavischen Erzählungen poetischen, nicht gelehrten Charakters uns vorliegt, gegenüberstellen, so ergeben sich Uebereinstimmungen und Verschiedenheiten, aber auch Verschiedenheiten in der Uebereinstimmung, die zum Theil noch constatiert und erklärt werden müssen.

In der Geschichte wie in der Dichtung finden wir (I) die vier burgundischen Fürsten Gebica, Godomar, Gislaharius, Gundaharius in Germania prima residierend, — und (II) mit den ihren von den Hunnen überwältigt und getödtet. Auch dass Verrath dabei im Spiele war, scheint historisch zu sein; Müllenhoff, Haupts Zeitschr. 10, 150; Jahn, Geschichte der Burgundionen 1, 358. — (III) Ebenso gehört die Tödtung Attilas

---

[1] — *apud regiae memoriae auctores nostros, id est Gebicam* (var. *Gibicam*), *Godomarem* (var. *Gundomarem, Gondemarum*), *Gislaharium* (var. *Gisclaharium*), *patrem quoque nostrum et patruum* —. Jahn, Geschichte der Burgundionen 1, 301 f.

durch seine Frau (Hildiko) beiden Arten der Ueberlieferung an.
— Aber auch (IV) Aetius, den eigentlichen Gegner der Burgunder, wird die Poesie nicht vergessen haben. Ein von den
Geschichtschreibern nicht erwähnter Hagen, der in einem
näheren Verhältniss zum burgundischen Königshause gedacht
wird, selbst als Verwandter, als Bruder Günthers, zeigt in der
poetischen Ueberlieferung Züge, welche zu stark an Aetius
erinnern, um als Zufall aufgefasst werden zu können.

Hagen und Aetius haben bei den Hunnen gelebt, Waltharius, Nibelungenlied, Thidhrekssaga, — beide als Geiseln und
in jungen Jahren, Aetius auch als Gesandter, später einmal fast
als Flüchtling, — als Geisel auch Aetius' Sohn Carpilio; Müllenhoff, Zeitschr. 10, 164. Und auch einen Sohn Hagens finden
wir bei Attila, Hniflungr nach Atlamal 88, Völsungasaga c. 38,[1]
Ranke, Ranche nach der Hvenschen Chronik, s. Grundtvig
Folkeviser 1, 44, Högni Högnason nach dem faeröischen Lied
Högni bei Hammershaimb, Aldrian, Aldrias nach andern Redactionen desselben, s. Lyngbye Faeröiske quaeder 284, Aldrian in der Thidhrekssaga c. 393. 423 f. — Und wie Aetius von
Valentinian III. ermordet und von einigen seiner ‚barbarischen‘
Soldaten blutig an diesem gerächt wird, so findet Hagen durch
Attila seinen Untergang, dieser durch Hagens Sohn.

Selbst die gewaltige Abweichung, dass in der Dichtung
Hagen auf Seite der Burgunder den Hunen gegenübersteht, während Aetius der Sieger von 451 ist, kann mit Gründen der

---

[1] Für das Verhältniss der Völsungasaga zur Ragnarssaga und den Titel
dieser Sagas kommt ausser den von Symons P B Beiträge 3, 199 verwertheten Thatsachen auch eine Stelle der Halfdanarsaga Eysteinssonar
in Betracht FAS. 3, 521 *hann var sagðr bróðir Heimess fóstra Brynhildar Buðladóttur er getr í sögu Ragnars loðbrókar.* Hätte der Schreiber
dieser Worte, was von vornherein unwahrscheinlich ist, nur die Ragnar-,
nicht die Völsungasaga gekannt, so hätte er Heimir *fóstri Aslaugar*
genannt. Er kennt also die Völsungasaga und nennt sie Ragnarssaga.
— Die Völsungasaga wie Nornageststhattr und die Liederedda citiere
ich nach Bugge, die Snorra Edda nach der Arnamagnäanischen Ausgabe,
die faeröischen Lieder nach Hammershaimb, die dänischen und die
Hvensche Chronik nach Grundtvig, das Nibelungenlied und die Klage
nach Lachmann, das Siegfriedslied nach von der Hagen, die Rosengärten nach W. Grimm, die übrigen deutschen Gedichte der Heldensage nach dem ‚deutschen Heldenbuch‘, die Thidhrekssaga nach Unger.

poetischen Oekonomie, welche zwei Feinde der Burgunder nicht
wohl brauchen konnte, auch durch ungenaue Auffassung allgemeiner Erinnerungen an historische Facta erklärt werden. Wenn
Aetius die Hunnen bekriegt, wenn er bei den Hunnen war und
sie verliess, wenn sein Sohn dort als Geisel lebte, so war er doch
ihr Feind. Dass er ab und zu sich mit ihnen verband und
hunnische Hilfstruppen benutzte, konnte darüber leicht vergessen
werden. Als Feind der Hunnen wird er aber beinahe nothwendig zum Freunde der Burgunder für einen Dichter, der den
Untergang der Burgunder sich zum Vorwurf nahm. Natürlich
musste er dann Günther untergeordnet werden, aber die Helden-
kraft, durch welche er auch die burgundischen Fürsten über-
ragt, weist noch auf die militärische Grösse des römischen
Feldherrn. — Auch der Name, nicht Hagens, aber seines
Vaters Hagathie Waltharius 629 könnte eine Umdeutschung
des für Aetius wiederholt gebrauchten Agetius, Agitius, Aegi-
dius sein. Der Name Haguno wäre dann im Hinblick auf
den Namen des Vaters gewählt; Müllenhoff, Zeitschr. 12, 297.

Wenn das Bluttrinken Nibelungenlied 2051 ff. an Erzählungen von der Schlacht auf der katalaunischen Ebene ge-
mahnt, so könnte dieser Zug von dem Aetius von 451 auf den
von 437 übertragen sein. Aber die Anekdote kommt auch
bei Gelegenheit eines Sieges Theodemirs vor (Ranke, Welt-
geschichte 4, 1, 378). S. auch Saxo I, 1, S. 165 (ed. Müller),
Dietrichs Flucht 6569.

Wenn dann die Vorstellung von drei burgundischen Kö-
nigen, den Söhnen Gibicas sich ausbildete, oder wenn dies,
was auch möglich, das geschichtliche Verhältniss war, Jahn
1, 304, so kann es nicht verwundern, wenn in gewissen Sagen-
gestalten einer der burgundischen Brüder dem gewaltigen Hagen
seinen Platz abtreten muss. Das Loos trifft Giselher.

Dagegen befremden folgende Verschiedenheiten:

1. Der deutschen wie der skandinavischen Sage gemein-
sam ist 1. a) die Auffassung jener Hildiko, an deren Seite oder
durch deren Hand Attila nach den Berichten der Historiker
seinen Tod gefunden haben soll, als einer burgundischen Prinzessin. S. darüber Müllenhoff, Zeitschr. 10, 157. 159; W. Grimm,
Heldensage 8[2] f. Ein unerklärlicher Zufall oder Gewaltact wird
durch eine beabsichtigte Handlung ersetzt und die Tödtung des

Feindes als Rache für den Untergang der Burgunder aufgefasst, wodurch ästhetische wie moralische Ansprüche Befriedigung finden. Es ist geschichtliche Sage. Man sieht den ersten Ansatz dazu schon bei Jordanes, wenn er c. 35 sagt *Attila — librante iustitia detestabili remedio crescens* (durch Tödtung seiner Verwandten) *deformes exitus suae crudelitatis invenit.* — Was die Namen Hildiko, Grimhildr anbelangt, so vergleiche man Snorra Edda 1, 361 (Skaldskaparmal c. 41) *þá vaknaði hon, ok nefndist Hildr; hon er kǫllut Brynhildr*, Saga Egils ok Asmundar FAS. 3, 366 *hann átti tvaer daetr, hét hvortveggi Hildr — en hin ellri Hildr — var kǫlluð Brynhildr*, 366 *Hildr hin yngri — var hun Bekkhildr kǫlluð.*

1. *b)* Da der Giselher der Sage (Nibelungenlied, Klage, Biterolf, Anhang zum Heldenbuch 7, Thidhrekssaga c. 169 ff., das faeröische Lied Högni 28 ff.) dem Namen und der Stellung nach zu dem Gislaharius der Lex stimmt, kann es als eine Abweichung vom Ursprünglichen betrachtet werden, wenn er in einigen Ueberlieferungen der Sage nicht vorkommt, im Waltharius, im Siegfriedslied, in Heinrich des Voglers Gedichten von Dietrichs Flucht und von der Rabenschlacht, in den Rosengärten, in der Liederedda und Snorra Edda, der Völsungasaga, im Nornageststhattr, in den dänischen Liedern und der Hvenischen Chronik, im faeröischen Lied Brinhild. — Diese Abweichung von der Geschichte erklärt sich aus der geschichtlichen Sage wie 1. *a)* und (IV). S. oben S. 674.

1. *c)* An Attila's Hof befindet sich zur Zeit des Untergangs der Burgunden der Ostgothenkönig Theodorich: s. Nibelungenlied, Klage, Thidhrekssaga c. 373 ff., Gudhrunarkvidha 2 und 3, das faeröische Högnilied 179 ff. Zu Grunde liegt die bekannte Verwechslung Theodorichs mit seinem Vater Theodemir, also auch geschichtliche Sage.

1. *d)* Die burgundischen Könige, ihre Verwandten und Mannen werden neben Burgunden auch Nibelungen genannt. Im Waltharius 555; Walther sagt: ‚*non assunt Avares hic, sed Franci nebulones, cultores regionis*' et en galeam *Haganonis aspicit et noscens iniunxit talia ridens: est meus hic socius Hagano collega veternus.*' *Nebulo* kann dem Zusammenhang nach schwer als Scheltwort gefasst werden. Bedeutet es Nibelungen, so muss der Name von den Burgunden auf deren Nachfolger im Besitze

von Germania prima übergegangen sein. — Im Nibelungenlied seit 1466 ff., dem Zuge der Burgunden nach dem Hunnenland, in der Klage nur 771, bei Wolfram im Parzival 421, 7,
in der Thidhrekssaga. — Im Brot af Sigurdharkvidhu 16 *svá
mun öll ydor aett Niflunga afli gengin*, in dem Titel *Dráp Niflunga*, Atlakvidha 11 *ulfr mun rápa arfi Niflunga*, 17 *seinap
er nú, systir* (Gudhrun), *at samna Niflungom*, 25 *maerr kvap
pat Gunnarr, geirniflungr* (s. Gudhrunar hvöt 8 *geirniörpr*),
26 *er unt einom mér öll um folgin hodd Niflunga*, 27 *Rín skal
rápa rógmálmi skatna, svinn áskunna arfi Niflunga*, Atlamal 47
hvarf (Gudhrun) *til Niflunga*, 52 *svá kvápo Niflunga, mepan
sialfir lifpo, skapa sókn sverpom — sem peim hugr dygdi,* 88 *heipt
óx Hniflungi, hugdi á stórraepi*, der Sohn Högnis, Völsungasaga
c. 38 *Niflungr*. Der Anlaut *h* ist durch den Vers nicht gestützt,
s. *hlióð* und *lióð, hvika* und *víkja*. — Dann Gudhrunar hvöt 12
ápr ec (Gudhrun) *hnóf höfup af Niflungom* (den Söhnen Gudhruns
von Atli). — Sonst werden die Burgunden *Giúka aett* genannt
Hyndluliodh 27, *Giúka synir* Gripisspa 50, Prosa nach Brot af
Sigurdharkvidhu, Gudhrunarkhvidha 1, 18, Sigurdharkvidha 3, 2,
Gudhrunarkvidha 2, 2, Atlamal 1, — *Giúka megir* Gudhrunarkvidha 1, 20, — *Giúka arfar* Helreidh Brynhildar 5, Oddrunargratr 28, — *börn Giúka* Atlamal 52, Hamdhismal 21, — *Giúkungar*
Sigurdharkvidha 3, 35, ebenso im Drap Niflunga, — *Borgundar* in
Atlakvidha 18. — Auch *gardar Giúka* Atlakvidha 1 gehört
hieher, da Giuki nicht mehr lebend gedacht wird. — *Niflungar* als
‚Helden, Fürsten‘ zu fassen geht des Zusammenhangs wegen nicht
im Titel Dráp Niflunga und Atlakv. 27, und ist sonst unräthlich,
weil diese Verwendung in alten Gedichten nicht bezeugt ist, im
Gegensatze zu Budhlungr, Döglingr, Hildingr u. s. w., s. Symons
PB Beiträge 4, 177. Im Skaldskaparmal c. 64, Snorra Edda 1,
520 f., 2, 343 heisst es allerdings nach einer Aufzählung, in der
auch die Nibelungen vorkommen: *pessar aettir, er nu eru nefn-
dar, hafa menn sett svá í skáldskap, at halda öll pessi fyrir
tignar nöfn*. Aber in den nun folgenden Beispielen kommen
Hildingar, Döglingar u. s. w. vor, die Nibelungen nicht. Das
früheste Zeugniss für die Abschwächung des Namens zu poetischer Allgemeinheit, ist die Lesart einiger Handschriften
der Snorra Edda 1, 402 (Skaldskaparmal c. 45) *rógr Budlunga*
statt *rógi Niflunga* in Biarkamal. In den Rimur fra Völsungi

erscheint *niflungr* häufig gleich ‚Held‘, Str. 27. 48. 53 ff. Die
Snorra Edda selbst bezeugt die Gleichwerthigkeit von Giukungen und Nibelungen 1, 360 (Skaldskaparmal c. 41) *Giú-*
kungar, þeir eru ok kalladir Niflungar, 365 (c. 42) *Gunnarr ok*
Högni eru kalladir Niflungar ok Giúkungar, 520. 2, 343 (c. 64)
Enn áttu þau Hálfdan (d. i. Halfdanr gamli und Alvig en spaka,
Tochter König Emunds von Holmgardhr) *adra níu sona, er svá*
heita: Hildir, er Hildingar eru frá komnir; II Nefir (Nemer U),
er Niflungar eru frá komnir; III Audi, er Audlingar eru frá
komnir u. s. w. *af Niflunga aett var Giúki.* S. Naefill in der
Thula 1, 548. — Fra Fornioti FAS. 2, 9. 11 = Flateyjarbok
1, 25 f. Halfdans des alten Gemahlin heisst hier Alfny. *Enn áttu*
þau 9 adra sonu, hétu þeir Hildir, Naefill, Audi, Skelfir, Dagr,
Bragi, Budli, Lofdi, Sigarr. — *Audi, Budli ok Naefill (Audi ok*
Budli Flat. b) *voru saekonungar.* — *Naefill konungr var fadir*
Heimars, födur Eynefs, födur Raka (Rakn Flat. b), *födur Giúka,*
födur þeirra Gunnars ok Högna, Gudrúnar, Gudnýjar ok Gull-
randar; ok er þat köllud Niflunga aett. — In der Hvenschen
Chronik wird Gibica Nögling genannt, Grundtvig Folkeviser
1, 38 ff. — Auch der seit Mitte des 8. Jahrhunderts in Deutschland und Frankreich auftretende Personenname Nibelung muss
seiner Etymologie nach als Zeugniss für die Uebertragung dieses
mythischen Namens auf ein Heroengeschlecht aufgefasst werden;
Müllenhoff, Zeitschr. 12, 290 ff.

    1. *e)* Während Hagen im Waltharius, den Rosengärten,
bei Heinrich dem Vogler in Dietrichs Flucht nur als ein her-
vorragender Held an Gibica's Hofe auftritt, im Nibelungenlied
881. 1073, wohl auch in der Klage und im Biterolf 12763 als
Verwandter des Königshauses, gilt er für Gibica's Sohn im
Siegfriedslied 175. 177, in der Thidhrekssaga c. 169. 170, im
Hyndlalied 27, in der Sigurdharkvidha 1, 37. 50, in Brot af
Sigurdharkvidhu 7, in Sigurdharkvidha 3, 17. 44. 45, in dem
Dráp Niflunga überschriebenen Stück, Gudhrunarkvidha 2, 7.
10. 18. 31. 3, 8, Oddrunargratr 28, Atlakvidha 6. 12. 19.
21. 23. 24. 25. 26, Atlamal 6. 7. 13. 14. 18. 30. 35. 38. 40.
60. 61. 64. 65. 71. 89. 91, Gudhrunarhvöt 4, Hamdhismal 6,
Völsungasaga c. 25, Nornageststhattr c. 6, in der Snorra Edda 1,
360 (Skaldskaparmal c. 41). 2, 574, in der Hvenschen Chronik
bei Grundtvig Folkeviser 1, 38, Grimilds haeon A 38, A b 35,

B 17. 24, C. 20. 28. 36. 37, in den faeröischen Liedern, Brinhild 23, Högni 23.

Nach dem Anhang zum Heldenbuche 10, 18 scheint Hagen
beim Untergange der Burgunden dem hunnischen Hofe anzugehören. Aus seiner Erwähnung 2, 35 ist nichts zu entnehmen.
Aber viel darf man auf diese verwirrten Erinnerungen eines
späten Literators nicht geben. — Wäre Hagens Stellung in der
Geschichte wie in den angeführten Dichtungen der des Gislaharius und Godomars gleich gewesen, so würden wir wohl seinen
Namen in der Lex lesen. Auch deutet die Sage auf etwas
anderes, wenn sie ihn vielfach mit dämonischen Zügen aus-
stattet und ihn in der Thidrekssaga Sohn eines Elfen sein
lässt, worauf vielleicht auch dessen Name Aldrian deutet.

War die oben gewagte Vermuthung, dass Hagen den
Römer Aetius in der deutschen Heldensage vertrete, richtig,
so ist damit seine dominierende Stellung am burgundischen
Höfe erklärt, nicht aber wie man dazu kam, ihm diese dämo-
nische Abstammung, Erscheinung und Sinnesart beizulegen.

1. *f)* Die deutsche wie die nordische Sage setzt Günther
in Beziehung zu dem Drachenkämpfer Siegfried und der Walküre Brünhild, Thatsachen, deren Erwähnung wir zwar bei den
Historikern nicht erwarten dürfen, die sich aber durch ihren
fabelhaften Charakter als spätere Zusätze ergeben.

1. *g)* Statt der offenen Feldschlacht auf burgundischem
Gebiet finden wir in der Sage die hinterlistige Einladung der Burgunder an den hunnischen Hof. Eine Abneigung der Sage gegen
Schlachtschilderung ist sonst nicht zu bemerken. S. die Schlachten zwischen Gothen und Hunnen, Widsidh 119—122 = Hervörsaga c. 12 ff. der ersten, c. 10 der zweiten von Bugge heraus-
gegebenen Redaction, Hildebrandslied = Alphart und Heinrich
des Voglers Rabenschlacht, die Braavallaschlacht, Müllenhoff,
Alterthumskunde 5, 335 ff. — Näher der Geschichte als der
Nibelungensage stehen die Kämpfe zwischen Burgunden und
Hunnen im Biterolf und den Rosengärten, in der den Kämpfen
des Rosengartens entsprechenden Erzählung der Thidrekssaga
c. 206 ff., durch das rheinische Local; Jahn, Geschichte der
Burgundionen 1, 379. Aber alles Uebrige weicht so sehr ab,
dass sie kaum als eine Erinnerung an die Ereignisse von 437
aufgefasst werden können.

2. Der deutschen und nur der jüngeren skandinavischen wahrscheinlich von Deutschland beeinflussten Dichtung eigen ist 2. α) der Völkername der Franken, welcher statt der historischen Burgunden eintritt in Waltharius 555, s. oben S. 674, Klage nur 152, sonst immer Burgunden. Im Biterolf wechseln Franken, Rheinfranken mit Burgunden, im Rosengarten C *Rînesche man* 1597, *Rînherren* 1935.

2. β) Günther hat in Worms einen Rosengarten, welcher der Schauplatz ritterlicher Wettkämpfe wird, in den Rosengärten, im Anhang zum Heldenbuch 1, 24. 7, 25. 10, 6. Hvensche Chronik, Grundtvig Folkeviser 1, 38. — Vgl. Biterolf 8915 ff., Thidhrekssaga c. 200. 206 ff.

2. γ) Vertauschung des Namens Godomar mit Gernot, während Förstemann's Namenbuch 1, 529 ff. zeigt, dass weder eine Abneigung gegen mit ‚Gott‘ zusammengesetzte Namen überhaupt noch gegen Gotemâr insbesondere bestand. Nibelungenlied, Klage, Biterolf, Heinrich der Vogler in Dietrichs Flucht 8654. 9764, in der Rabenschlacht 723, Siegfriedslied 176, Anhang zum Heldenbuch 7, Thidhrekssaga (neben Guthomir c. 170), Grimilds haevn A 18, C 13, A b 16, das französische Högnilied 28 ff. *(Hiarnar)*. — Dagegen ist Goðormr nur eine Umformung des historischen Godomar. Namen auf *-márr* fehlen wohl nicht, *Hreiðmárr, Hróðmárr, Granmárr, Fránmárr* aber ein *Goð-Guð-márr* kommt in den Indices zu FAS. FMS., zur Sturlunga, zum Corpus poeticum, zur Snorra Edda, zu den Islendingasögur mit der namenreichen Landnama nicht vor. *Goðmars fiörðr* in Norwegen muss mit *marr* ‚mare‘ zusammengesetzt sein, da auch *Goðmarr* allein gesagt wird; s. Munch, Historisk geographisk beskrivelse over kongeriget Norge 19. 196.

2. δ) Für den Namen Gibica erscheint Dankrat Nibelungenlied, Klage, Biterolf, — Aldrian Thidhrekssaga c. 169, — Irungr Thidhrekssaga c. 170, — Nögling in der Hvenschen Chronik, Grundtvig Folkeviser 1, 38 ff.

3. Nur in der skandinavischen Dichtung erscheint statt des mit der historischen Ildico wahrscheinlich verwandten Namens Grimhild der ganz abweichende Gudhrun. So in den Eddaliedern, der Snorra Edda, Völsungasaga, Nornageststhattr, fra Fornioti FAS. 3, 11, Gislasaga, Surssonar ed. Gislason S. 35, in den faeröischen Liedern Brinhild, Ismal, Högni. In der

Thidhrekssaga schreibt die Handschrift *A* oft Gudhrun statt Grimhildr. Die dänischen Lieder und die Hvensche Chronik haben Cremild, Grimild. — Weniger Bedeutung hat wohl, dass die Snorra Edda 1, 360 (Skaldskaparmal c. 41) neben Gudhrun auch eine Gudhny nennt, fra Fornioti FAS. 2, 11 = Flateyjarbok 1, 26 neben beiden eine dritte Schwester Gullrönd, die auch in der Gudhrunarkvidha 7, 12. 17. 24 vorkommt. Die historische Ueberlieferung bot doch nur Anlass zu einer Hilde.

Die Abweichung, welche in der Uebereinstimmung (IV) liegt, sowie die Abweichungen 1. *a) b) c)* 2. *α*) sind durch historische Sage zu erklären, wie wahrscheinlich auch die Annahme dass Attila den Burgunden gegenüber gestanden habe, s. Paulus Diaconus, Müllenhoff, Zeitschr. 10, 150 f. und vielleicht die Auffassung von Gislaharius und Godomar als Brüder des Gundicarius, Jahn 1, 88. 304. Nach dieser historischen Sage heiratet die burgundische, später fränkische Prinzessin — hild, die Schwester der drei königlichen Brüder, den König Attila. Dieser besiegt und tödtet die mit Hagen (Aetius) verbündeten Schwäger und findet durch die Hand seiner Gattin, oder des Sohnes jenes Hagen, oder beider seinen Tod.

Zu 2. β). Wenn auch unsere Gedichte vom Rosengarten bei Worms nur wenig Mythisches mehr zeigen, so ist doch nach Laurin, dem kleinen Rosengarten und andern Angaben nicht zu zweifeln, dass Rosengarten einst ein mythischer Begriff war und eine Art Elysium bezeichnete. J. Grimm, Mythologie 3⁴, 244, W. Grimm, Heldensage 348 ¹, Uhland, Germ. 6, 310. 334, Hocker, Stammsagen der Hohenzollern und Welfen S. 34, E. H. Meyer in den Verhandlungen der 28. Versammlung deutscher Philologen und Schulmänner S. 194 ff.

Vielfach wurden in Deutschland Oertlichkeiten, deren Natur oder Bestimmung sich dazu eignete, Rosengarten genannt. E. H. Meyer kennt an siebzig. ¹ Am dichtesten aber stehen sie bei Worms, die Stadt mit nächster Umgebung zählen deren fünf; Mone, Quellen und Forschungen 1, 44. Der Grund wird in bekannten Thatsachen liegen. Die rheinische Tiefebene war eines der reichsten und am frühesten nach römischer Weise cultivierten und christianisierten Länder germanischer Zunge

---

¹ Vgl. das ‚Paradies‘ in den italienischen Alpen, Réclus Géographie universelle 1, 151.

— denn zu diesen können wir das Decumatenland und den Südosten, wo überdies die reiche Städteentwicklung fehlte, nicht rechnen. Wir werden nicht um vieles irren, wenn wir die Schilderung, welche Ausonius vom Mosellande entwirft, auch als ein Zeugniss für die Blüthe der Germania prima im 4. Jahrhundert betrachten, und an späteren Zeugnissen fehlt es nicht. Der eigentliche Fruchtgarten dieses Landstrichs ist aber gerade die Gegend um Worms; Nitzsch, Die oberrheinische Tiefebene, Preussische Jahrbücher 30, 239. 242. Vgl. auch Arnold, Zeitschr. für Westdeutschland 1, 15. 17. 27.

Schon Schannat hat in der Historia episcopatus Wormatiensis 1, 61 den Wormser Rosengarten auf die ungemeine Ergiebigkeit und Cultur der Landschaft bezogen.

Der Paradiesesruf des Wormsgaues mochte noch verstärkt werden durch die Nachricht, dass der Rhein dort Gold führe. Lochheim, der schon lange eingegangene Ort, wo der Nibelungenschatz versenkt wurde (Nibelungenlied 1077), liegt etwas nördlich von Worms im Amte Gernsheim, wo ältere Goldwäschen bezeugt sind; Dahl, Beschreibung des Fürstenthums Lorsch 251. Seit wann ist allerdings nicht bezeugt. Vom Rhein überhaupt weiss man es seit dem 4. bis 5. Jahrhundert nach Christus Nonnus Dionysiaca 45, 410 χρυσὸν Ἴβηρ πόρε Ῥῆνος; s. Schöpflin, Alsatia illustrata I, 29 ff.; Von der Hagen, Anmerkungen zum Nibelungenlied S. 45 f. 128; Wackernagel, Zeitschr. 9, 553 ff.[1] — Im ersten Jahrhundert schweigt Plinius davon, Tacitus Germ. 5 leugnet Goldminen in Deutschland. Aber der Goldgehalt des Oberrheins und seiner Nebenflüsse besonders zwischen Basel und Mannheim, also in unsrer Gegend, ist sehr beträchtlich; s. G. vom Rath, Ueber das Gold 1879, S. 33 f.

Möglich dass auch die poetischen ·Ausdrücke der nordischen Poesie für Gold *Rínar gríót* Snorra Edda 1, 404; *Rínar málmr* Sigurdharkvidha 3, 16 höher zu ziehen sind; *Rínar bál*, *glóð* nun aber muss man wohl bei Seite lassen, da statt des Rheins in diesen Verbindungen auch die Nidh, der Nil und

---

[1] S. Otfried 1, 72. Marner 11, 30, Hauksbok AM 544 (Antiquités russes 2, 430) *par* (im Rhein) *er enn* (wie im Pactolus, Hermus, Tajo) *gull í söndum hitt.*

das Meer gebraucht werden kann; s. Snorra Edda 1, 336
(Skaldskaparmal c. 32) *eldr allra vatna*, vgl. Groendal, Clavis
poetica unter ‚aurum‘. Wenn das Gold daneben auch Thränen
der Freyja genannt wird, so möchte man wohl mit Werlauff,
Bidrag til den nordiske Ravhandels Historie 192. 194 trotz Uhland
Schriften 6, 186 vermuthen, dass dieser Ausdruck ‚Feuer aller
Gewässer‘ ursprünglich nicht Gold, sondern Bernstein gemeint
habe, den die griechische und keltische Mythe auch aus Thränen
der Heliaden oder Apollos entstehen lässt, Preller, Griechische
Mythologie 1, 358 [3], und dessen Form an Tropfen erinnert, was
man vom Gold nicht sagen kann. Das wäre allerdings im
11. Jahrhundert gründlich vergessen worden, wenn Hallarsteinn
das Gold mit *röf saevar* bezeichnet, s. Snorra Edda 1, 408
(Skaldskaparmal c. 47) und Oddr siárafr in der Sturlunga. Vgl.
die ‚Zähne‘ Heimdalls und die ‚Tropfen‘ Draupnirs Snorra
Edda 1, 100. 342 ff., die auch besser zu der Gestalt des Bernstein als zu dem gestaltlosen Flussgold stimmen. Ist diese
Vermuthung richtig, so würde das Alter der nordischen Poesie
beträchtlich hinaufgerückt, denn die Werthschätzung des Bern-
steins nimmt im Grossen und Ganzen seit den sogenannten
prähistorischen Zeiten überall ab. S. Worsaae, Nordens for-
historie 41. 67. 91 f.; Helbig, Osservazioni sul commercio dell’
Ambra, Academia dei Lincei Roma 1877.

Dazu kam der Name des Landes und der Hauptstadt,
pagus Wormatiensis, Wormazfelt, Wurmezgoew, Wangionum pagus,
nach Lamejus Acta academiae Theodoro-palatinae 1, 233 im
12. bis 13. Jahrhundert auch ‚Gau‘ allein, welche Bezeichnung
später für die Gegend um Alzei reserviert wurde, S. 276. —
Woher Mehlis, Studien zur ältesten Geschichte der Rhein-
lande 3 (1877), 25 den Namen ‚Wonnegau‘ hat, ist mir unbe-
kannt. — *Borbetomagus, Wormatia, Vurmacia, Varmacia, Wangiones,
Wangionum* oder *Wangionis civitas*, s. Zeuss, Die Deutschen 219;
J. Grimm, GDS. 497 [2]; Förstemann, Namenbuch; Oesterley,
Historisch-geographisches Wörterbuch.[1] Graff 1, 894 führt auch
eine Glosse *Vogesus: Wango* aus einer Züricher Handschrift des
9. bis 10. Jahrhunderts auf. Es wäre wohl begreiflich, wenn
die nördlichen Theile der Vogesen, das Hardtgebirge und der

---

[1] S. *Vangianum, Vagionum* in H. m. sögur 1, 376. 610.

Donnersberg diesen Namen getragen und die Vangionen davon
ihren Namen erhalten hätten, dessen Grundbegriff auch im
zweiten Bestandtheil der keltischen Borbetomagus liegt.[1]
Wenn gothisch παράδεισος durch *vaggs* wiedergegeben wird, alt-
sächsisch ‚Himmel‘ durch *heƀanuuang, godesuuang, heƀenes uuang,*
vgl. *grôni uuang paradise gilîc,* angelsächsisch ‚Paradies‘ durch
neorxnavong, ahd. durch *wunnigarto, zartgarto,* das *wunnisamo
feld,* — das Wort *wang* stirbt früh aus, — so ist es sehr wahrscheinlich, dass *wang* nicht blos ‚campus‘, ‚pratum‘, sondern
‚campus amoenus‘, ‚hortus‘ bedeutet habe, dass also hier ein
Anlass vorlag, in die von Vangionen bewohnte Landschaft einen
Rosengarten zu versetzen, und zwar speciell in die Stadt Worms,
wo wir in der That zwei wirkliche und einen poetischen finden;
s. Hocker, Stammsagen der Hohenzollern und Welfen 34.

Zu Besitzern eines solchen Rosengartens, der im Laurin 238 ff. einem elfenhaft geschilderten Zwerge angehört und
sonst an die Elfengärten und die Wiesen des Jenseits erinnert,
s. J. Grimm, Mythologie 377. 544[1], eigneten sich die unter
Gundicarius 413 (s. Jahn 1, 344) eingewanderten Burgundionen
besser als die alten Vangionen, von denen weder im Guten
noch im Schlimmen viel berichtet wird. An Culturfähigkeit
und Humanität — die sie sogar wie die Westgothen in den
Ruf geringerer Kriegstüchtigkeit brachte — vergleichen sich
die Burgunden nur den stammverwandten Gothen und Vandalen
und heben sich von Franken und Alemannen beträchtlich ab,
Jahn 1, 81. 102. 111. 122 f. Auf ihrer raschen Eingewöhnung
in die Verhältnisse eines romanisierten Landes und ihrem guten
Einvernehmen mit den Römern beruht wohl die Sage vom
römischen Ursprung, s. Jahn 1, 8. 54. 57. 321.

Mit der mythischen Vorstellung des Rosengartens finden
wir in unseren Gedichten gleichen Namens, den grossen oder
kleinen Rosengärten, Wettkämpfe verbunden, welche in und um
den Rosengarten gefochten werden (vgl. Blomstrvallasaga c. 5 ff.)
und allmälig an Bedeutung so gewinnen, dass sie sich vom
Rosengarten abtrennen, wenn auch das Locale, Worms, noch
bewahrt wird, Biterolf 8315 ff.; auch dieses fehlt in der Thidhrekssaga c. 200. 206. Dass dem Rosengarten in Worms und

---

[1] Sonst erhalten Gebirge, Wälder, Flüsse ihre Namen auch von den Völ-
kern, Uhland, Schriften 8, 138.

den Kämpfen daselbst die burgundischen Könige von Worms nicht fernbleiben konnten, sobald sie einmal sagenhaft geworden waren, ist fast nothwendig. Und so finden wir auch in unseren Gedichten den Rosengarten in besonderer Beziehung zu Gibich, Edzardi Germ. 26, 173 oder Krimhild, überall betheiligen sich die burgundischen Fürsten an den Kämpfen.

Aber wahrscheinlich war der ursprüngliche Besitzer des mythischen Rosengartens der mythische König Isungr von Bertangaland, Isac (Isses) von Bertingsland nach den dänischen Liedern von Kong Diderik og hans Kaemper und Kong Diderik i Birtingsland, der nach Thidhrekssaga c. 200 von jedem Ankömmling Zoll fordert und dadurch jene Reihe von Wettkämpfen veranlasst, die den Kämpfen im Rosengarten entsprechen.[1] Der gewaltigste Held, über den er verfügt, sein *ráđgiafi* nach Thidhr. c. 168, nach dem dänischen Lied Kong Diderik og hans Kaemper A sein Sohn, ist der Völsung Sigurdhr, ebenso wie Siegfried der erste unter den Rosengartenkämpfern König Günthers ist. — Die Uebertragung des Rosengartens von Isungr auf Günther scheint sich noch deutlich zu verrathen in dem Namen Irungr von Niflungaland der Thidhrekssaga c. 170 statt Aldrian von Niflungaland, oder Gibeca, Dankrat der sonstigen Ueberlieferung.

Zu 1. *d*) Der Personen- und Geschlechtsname Nibelung, Nibelungen erscheint in der Sage, wenn wir von den oben angeführten Stellen, in denen er mit dem der burgundischen Könige, Giukungen gleichwerthig gebraucht wird, noch als Bezeichnung eines mythischen Geschlechtes. So im Nibelungenlied 88 ff. der alte Nibelung mit seinen zwei Söhnen Nibelung und Schilbung, dem Gefolge von Riesen und Zwergen, darunter Alberich mit der Tarnkappe, dem Schwerte Balmung und dem Schatze im Berge. Auch das Volk dieser Fürsten, dann Siegfrieds, wird nach altem Gebrauche Nibelungen genannt, so auch noch im

---

[1] Wahrscheinlich ist der Birtingswald, durch den Dietrich in dem färöischen Lied Dvörgamoy 5, 2. 7. 8. 11. 13 reitet, mit Bertangaland verwandt. — Durch das Vorgetragene bekäme die Vermuthung von der Hagens', Anmerkungen zum Nibelungenlied S. 4, und Rassmanns, Heldensage 1, 163, Bertangaland stehe für Berhtvangoland eine gewisse Stütze. Allerdings steht in der Thidhreksaga Bertangaland auch für das Reich König Artus', sonst aber wird Britannien durch *Bretland*, s. *bretzkr*, *Bretar*, *Brittannia* wiedergegeben.

zweiten Theil, 1463, während dort sonst Nibelunge für Burgunden steht. Das Land ist in oder bei Norwegen localisiert 682. Siegfried tödtet die um den Schatz des Vaters streitenden Fürsten und unterwirft sich die Nibelungen und ihr Land. Die Vorstellung von diesen Nibelungen im Biterolf 7227. 7819. 8153 stimmt zum Nibelungenlied. Im Anhang zum Heldenbuch 7, 25, heisst Siegmund ‚aus der Nibelunge‘, natürlich weil sein Sohn Siegfried Herr des Nibelungenlandes war, wenn er auch nicht als sein Erbe angesehen wurde wie die burgundischen Schwäger. Im Siegfriedslied finden wir einen Zwergkönig Nybling, von dessen drei Söhnen nur Eugel genannt wird, im Besitze eines grossen Schatzes im Berge. — Auf diese Nibelungen bezieht sich in Deutschland wohl der Ausdruck Nibelungenhort im Nibelungenlied, im Biterolf 8565. 7848. 12044, Reinhart Fuchs 662, Marner 11, 30. 15, 275, Renner 16165 bis zur Möhrin Hermanns von Sachsenheim 94 und weiter, während ‚Nidings-Schatz‘ im Grimilds haevn C Grundtvig 1, 50ᵇ vielleicht auf den Nögling = Gibica der Hvenschen Chronik zurückweist, s. oben. S. 676. — Wenn im Walberan 139 ff. ein unsichtbarer Nibelung vorkommt, so dürfte eine Erinnerung an den nibelungischen Zwerg Alberich verwerthet sein. — Biterolf 295 *man saget von Nibelôte daz, wie er ze Bârîse saz in einem rîchen lande; den ich vil wol erkande. der machte himele guldîn, selbe wolte er got sîn, mit kraft er tôte tûsent her* u. s. w. Zu Jänicke's Anmerkung vgl. noch J. Grimm, Mythologie 3⁴, 110 *Grambaut, roi de Bavière, se nommoit dieu en terre* und nennt seine Burg *paradis*, Belle Helene p. m. 23¹, ein Citat, das ich trotz der freundlichen Unterstützung Mussafias und Toblers nicht nachweisen konnte.

In der nordischen Poesie scheint *hodd Niflunga, arfr Niflunga* Atlakvidha 26, 27, *Niflunga skattr* in Snorris Hattatal Str. 41, Snorra Edda 1, 652 nur auf die burgundischen Könige zu gehen, von denen man sagen konnte, dass sie Sigurdhr beerbt hätten. S. Sigurdharkvidha 3, 16 *villdu okkr* (Gunnarr und Högni) *fylki* (Sigurdhr) *til fiär véla? gott er at rápa Rínar málmi;* vgl. Snorra Edda 1, 366 (Skaldskaparmal c. 42). Denn andre Nibelungen als Besitzer des Schatzes kennt die nordische Litteratur nicht. Aber wenn im Biarkamal Snorra Edda 1, 402 (Skaldskaparmal c. 45) 2, 322 das Gold *róg Niflunga* (*Budlunga* 1 e β) heisst, so wird man wohl Egilssons Uebersetzung ‚Causa contentionis inter

Nibelungos' billigen; vgl. Atlakvidha 27 *rógmálmi skatna*. Die
Nibelungen der Liederedda aber, die burgundischen Könige,
sind nicht untereinander des Schatzes wegen in Streit gerathen.
Es könnten hier die andern Nibelungen, die der deutschen
Sage eigenthümlichen, gemeint sein, denen in der nordischen
den thatsächlichen Verhältnissen nach Reginn und Fafnir entsprechen, welche allerdings nie Niflungen genannt werden.
Snorri in seiner Edda 1, 356 (Skaldskaparmal c. 39). 2, 360
bezieht den poetischen Ausdruck *rógmálmr* für Gold auf den
Streit zwischen den Göttern und Hreidhmarr (dem ‚Nibelung‘),
der mit Loki's Fluch endigt. — Aber möglich, obwohl nicht
wahrscheinlich wäre es, dass Niflunga hier allgemein ‚Helden‘
bezeichnete.

Aber auch wenn wir von der Stelle des Biarkamal als
unsicher absehen, ist es unzweifelhaft, dass nach nordischer wie
deutscher Ueberlieferung der Name Nibelungen den ersten Besitzern des Schatzes zukam und auf die burgundischen Könige
übertragen wurde.

Die älteste Sage muss wie im Nibelungen- und Siegfriedslied ein mythisches Geschlecht im Besitze des Schatzes gekannt
haben, von dem dieser den Namen ‚Nibelungenschatz‘ führte.
Der Uebergang des Namens auf die Burgunden kann nicht
deshalb erfolgt sein, weil sie den Schatz, welcher einmal den
Nibelungen gehört hatte, erwarben — das Land nur nach Nibelungenlied 1464, — sondern weil ihnen ein Schatz zufiel, an
dem der durch die Poesie befestigte Namen ‚Nibelungenschatz‘
haftete. Da der Schatz der ‚Nibelungenschatz‘ war, hielt man
natürlich die Besitzer für die Nibelungen. Dadurch, dass im
Nibelungenlied auch noch die alten Besitzer ihren Namen Nibelungen führten, entstand eine Inconcinnität, welcher die nordische Ueberlieferung auswich, indem sie den Nibelungennamen
für Andvari und Hreidhmarr und sein Geschlecht aufgab. Dasselbe scheint aus denselben Gründen die nordische und
deutsche Sage betreffs Siegfrieds gethan zu haben, der nirgends,
obwohl er im Besitze des Schatzes ist, ein Nibelung genannt
wird, oder er hatte trotz dieses Besitzes nie den Beinamen
erhalten, da neben dem alles überstrahlenden Namen eines
Völsungen kein zweiter epischer Geschlechtsname passen wollte,
während der Name Giukungen oder der spätere Gundeba-

dingi, J. Grimm GDS 489 [3], dies eher ertrug. So heissen die
Skiöldunge auch Skilfinge Flateyjarbok 1, 26 *pat heitir Skilfinga
aett eđa Skiolldunga aett* oder Prosa vor Helgakvidha Hundingsbana 2, 1 *Sigmundr konungr oc hans aettmenn héto Volsungar oc
Ylfingar.*

Es sind hier bei einer Reihe von dichtenden Individuen
dieselben Motive wirksam gewesen, welche den einen Redactor
der Völsungasaga bewogen, die Namen Sigrdrifa und Niflungar
durchwegs durch die in den ihm vorliegenden Liedern daneben
vorkommenden Namen Brynhildr und Giukungar zu ersetzen;
s. Symons PB Beiträge 4, 177. — Darnach ist es auch begreiflich, warum in den nordischen wie in deutschen Gedichten
der Name Nibelungen statt Burgunden nur für die Begebenheiten,
welche lange nach dem Tode Siegfrieds fallen, verwendet wird,
mit einziger Ausnahme von Brot af Sigurdharkvidhu 16, in
welchem die Ermordung Siegfrieds selbst erzählt wird.

Nimmt man dagegen mit der Genealogie der Snorra Edda
und der Geschlechtsregister einen Ahnherrn der burgundischen
Könige, Namens Nefir, Naefill an, so ist, abgesehen von der
sprachlichen Schwierigkeit, die Beschränkung des Namens Nibelunge für Burgunden auf den sogenannten zweiten Theil der
Sage nicht zu begreifen, noch weniger aber einzusehen, wie in
der deutschen Ueberlieferung der Name auf jenes von Siegfried
besiegte Königsgeschlecht, das im Besitze des Schatzes war,
und dessen Volk übergegangen sei.

Aber neben den Nibelungen gibt es *Hniflungar* mit pho-
netischem *h*, im Gegensatz zu dem oben S. 675 erwähnten *(H)ni-
flungr*: Helgakvidha Hundingsbana 1, 48, Hödhbroddr, Granmars
Sohn, fragt: *Hví er hermpar litr á Hniflungum* (seinen Brüdern).
Ursprünglich wird das wohl nicht sein: *hniflungr* ist ein Nagel,
Snorra Edda 2, 494, wohl zu *hnefi* gehörend. Ob das eine Bezeichnung für das Geschlecht der Granmars-Söhne war oder so
viel als ,Helden‘ bedeutet, lässt sich aus der Stelle nicht entnehmen. Aber die ungewöhnliche Form mit *h* spricht für ersteres.
Sonst kommt *Hniflungar* für ,Helden‘ nicht vor.

Nach den Helgiliedern ist Granmarr König über ein Land,
zu dem die Localitäten der Schlacht gegen Helgi gehören:
Gnípalundr Helgakvidha Hundingsbana 1, 30. 34. 40. 50, *Svarinshaugr* 1, 31, *Frekasteinn* 1, 44. 2, 21. 26, *Styrkleifar* 2, 27,

Hlebiörg 2, 27, *Unavágar* 1, 31. Diese Ortsnamen kommen in historischen Berichten nicht vor, zum Theil in deutlich mythischen. *Gnipalundr* in der Thorsteinssaga Boejarmagns, als Wohnung des Dämons Agdhi, FMS. 3, 184. 197. Vgl. *Gnipahellir* Völuspa 43 ff., *Svarinshaugr* in der Snorra Edda 1, 66 (Gylfaginning c. 14) als Sitz von Zwergen, dem *salar steinn*[1] der Völuspa 14 R. entsprechend. *Unavógr* erscheint als falsche Lesart für *Munarvógr* in der Hervörsaga c. 5 FAS. 1, 421, bei Bugge S. 302. *Munarvógr* ist durch die Verse gesichert, Bugge S. 215. 316.

Unter Granmars Söhnen werden genannt Hödhbroddr, der die Walküre Sigrun von Sevafiöll, Helg. Hund. 2, 25, die Tochter Högnis, heiraten soll, Gudhmundr — *godborinn Gudmundr* 1, 32 ist wohl ‚bene natus‘, wie Hamdhismal 16,[2] und hat nichts zu thun mit dem Gott Gudhmundr af Glaesisvöllum — und Starkadhr. Letzterer erscheint in den Versen nur 2, 27, ohne dass man daraus auf seine Stellung zu Granmarr schliessen könnte, s. Symons P. B. Beiträge 4, 169. Sigrun verschmäht Hödhbroddr und wählt Helgis Schutz und Liebe. Helgi besiegt und tödtet Granmars Söhne in einer grossen Schlacht, bei welcher die Walküre über ihm schwebt. Helgi und Sigrun sollen nach der Prosa wiedergeboren werden als Helgi Haddingjaskati und Kara, von denen es auch Lieder gebe. — Von diesem Geschlechte der Söhne Granmars ist sonst wenig bekannt. Ynglingasaga c. 40—43 wird von einem Granmarr, König von Sudhrmannaland erzählt, der wohl mit dem Namen Granmarr sonst nicht vorzukommen scheint und durch seine Verbindung mit Högni, dessen Tochter Hildr er heiratet, mit dem des Helgiliedes identisch sein möchte. Von seinen Söhnen erfahren wir nichts. Sögubrot FAS. 1, 375 erwähnt auch nur seine Herrschaft im östlichen Gautland.

Auch Hödhbroddr oder Hoddbroddr ist ein seltener Name. Deutlich unser Hodbbroddr ist der von Saxo I, 1, 82. 110 erwähnte: Hothbrodus, König von Schweden, Nachfolger seines

---

[1] Von Hoffory, Gött. gel. Anz. 1885, S. 24 f. wohl mit Recht als Stein des entblössten Meeresgrundes erklärt. S. *sals dreyri*, eine Kenning für ‚torrens‘.

[2] S. Bugge, Hervararsaga S. 268, Z. 6 und Anm. S. 362, dagegen Edzardi, Germ. 28, 19.

Vaters Regnerus, Vater des Atislus und Hotherus (der Balderus
tödtet). Er wird von Helgo *Hundingi interemptor* in einer See-
schlacht besiegt und getödtet und verschafft seinem Gegner
einen neuen Beinamen *Hothbrodi strages*. Aber auch jener Hoddbroddr, der fra Fornioti FAS. 2, 8 = Flateyjarbok 1, 24 als
Sohn des Hödhr von Hadhaland erscheint, dürfte mit dem Sohne
Granmars einst zusammengefallen sein. Denn er ist ein Ahn-
herr Hromunds Greipssonar, der in der nach ihm benannten
Saga FAS. 3, 365 ff. dem von der Walküre Kara beschützten
Helgi Haddingjaskati in der Schlacht auf dem zugefrorenen
Wenersee, dem Schauplatze so mancher mythischen und historischen Kämpfe (s. Uhland, Schriften 8, 154, dazu Snorra Edda
1, 394 [Skaldskaparmal c. 14], Thorsteinssaga Vikingssonar
FAS. 2, 412), ebenso feindlich gegenübersteht, wie Hödhbroddr, Granmars Sohn, Helgi und Sigrun in den Liedern. [1]
— Diese Gegner Helgis, die Granmars-Söhne und die Partei
Hromunds, kehren wieder in König Isungr von Bertangaland,
der nach deutschen Liedern mit dem von der Walküre Ostacia
beschützten Hartung, Hertnit von Wilcinaland kämpft, Thidhrekssaga c. 349—355.

Isungr von Bertangaland ist derselbe, der nach der Thidhrekssaga c. 200. 206 ff. durch den Zoll, welchen er von Allen,
die sein Gebiet betreten, einfordert, jene Kämpfe veranlasst,
welche denen im Rosengarten entsprechen.

Der Name Isungr verbunden mit dem Locale der Schlacht
in der Hromundssaga erlaubt wohl die Annahme eines den Har-
tungen feindlichen Geschlechtes der Isunge, Müllenhoff, Zeitschr.
12, 351 f.

Aber seltsam ist es, dass in der Helgakvidha Hundingsbana 1, 20 Hödhbroddr *Ísungs bani* genannt wird. Denn auf
Hödhbroddr, nicht auf Högni, wie man nach der Parallele Helgakvidha Hundingsbana 2, 16. 18 vermuthen könnte, muss
man den Ausdruck beziehen wegen Helgakvidha Hundingsbana
1, 50 *iöfur þann er olli aegis* (der riesischen Isungr) *dauða,*

---

[1] Was andererseits eine merkwürdige Vermischung von Hromundr und
   Helgi nicht verhindert hat FAS. 2, 377 f. = Helg. Hund. 2, 2 – 4; s.
   Vigfusson Corpus p. b, I, LXXVIII.

wenn man auch nicht einsieht, wie Sigrun dann Helg. Hund.
1, 18 Hödhbroddr einen *konung óneisan sem kattar son* nennen
konnte.[1]

Isungen und Niflungen aber sind verwandte Begriffe. Die
eisführenden Elivagar kommen von Norden, also von dem
Brunnen Hvergelmir in Niflheimr, aus ihnen entstehen die Eis-
riesen *hrímpursar* Vafthrudhuismal 31, Grimnismal 26, Gylfaginning c. 3—6. Da nun das Geschlecht Isungs von Bertangaland und die Söhne Granmars nach ihrer Stellung im Epos auch
verwandt sind und letztere *Hniflungar* genannt werden, so erhebt
sich die oben angedeutete Möglichkeit, dass ihr epischer Name
Hniflungar, d. i. Niflungar gewesen sei, zur Wahrscheinlichkeit.
Mit den Besitzern des Schatzes aber haben sie wohl nur den
Namen und den dämonischen Charakter gemein, s. die Tödtung
Baldrs durch einen von ihnen, und was Sinfiötli Helgakv. Hund.
1, 37 ff. Godhmundr vorwirft.

Wenn nun mit diesen zweiten Nibelungen, den Söhnen
Granmars, ein wilder Hagen verbündet ist, so liegt es nahe,
anzunehmen, dass Hagen (Aetius), der Freund der burgundischen Könige, den oben 1. *e)* S. 677 auffällig gefundenen dämonischen Charakter bekommen hat, als man die burgundischen
Könige mit den ersten Nibelungen, den Besitzern des Schatzes
identificierte, oder vielmehr nur mit demselben Namen bezeichnete, s. oben S. 685. Wenn nicht vielleicht eine Verschmelzung der offenbar verwandten Isunge und der zweiten Nibelungen, der Granmars-Söhne anzunehmen ist, wodurch Hagen in
die Umgebung Isungs gerieth, des ersten Besitzers des Rosengartens, von dem ihn dann Günther übernahm, als er Isungr
in dieser Eigenschaft ablöste.

Zu 1. *f)* Da durchweg Siegfried als derjenige erscheint,
der den ursprünglichen Nibelungen den Schatz abgenommen
hat, so setzt Punkt 1. *d)* den Punkt 1. *f)*, die Verbindung der
Sage von König Günther, entweder der historischen Sage von
ihm 1. *a)* oder einer weiteren Entwicklung derselben, mit dem
Siegfriedsmythus voraus. Es muss also dieser in seiner reinen,
noch nicht mit der Günthersage contaminierten Gestalt einen

---

[1] Uebrigens ist der ironische Ausdruck hier unwahrscheinlich, und in
óneisan wird ein Fehler stecken. — Vgl saga af Stuf kattarsyni.

Anlass zu dieser Contaminierung geboten haben. Auf diesen echten Siegfriedsmythus aber können wir nur aus dem contaminierten schliessen. — In zwei Punkten neben Drachenkampf und Schatzgewinnung stimmen verschiedene Quellen jenes Theiles des Siegfriedsmythus mit einander überein, welcher die Geschichte des Helden vor seiner Begegnung mit Günther erzählt. In diesem Theile haben wir ja am ehesten Anlass den reinen Mythus zu vermuthen. Die Punkte sind: — A) er tritt in Beziehung zu einer Walküre, — B) er ist im Besitz übernatürlicher Kräfte, versteht die Vogelsprache, Fafnismal, Prosa vor 32, dann 32—39, Snorra Edda 1, 358 (Skaldskaparmal c. 40), Thidhrekssaga c. 166, im faeröischen Reginlied 120,[1] — oder ist unverwundbar, Thidhrekssaga c. 166. 185. 342, Nibelungenlied 101 usw., Rosengarten, Siegfriedslied, Volksbuch, Anhang zum Heldenbuch 7, 19 *der hürnen künig Seifrit* 10 5, im dänischen Lied Syvard og Brynild A 13. B 7. C 6. D 18. E 10, in der Hvenschen Chronik, wo er Sigfred Horn heisst, Grundtvig Folkeviser 1, 38,[2] — oder er ist gegen Gift gefeit wie alle Söhne Siegmunds, Sinfiötlalok, wie Sinfiötli Snorra Edda 1, 370 (Skaldskaparmal c. 42), — oder er kann sich unsichtbar machen, Nibelungenlied 98, Biterolf 7844.

Vielleicht dass auch die Fähigkeit des Gestaltentausches, die in beiden Eddas vorausgesetzt oder erzählt wird, Völsungasaga c. 35, Siegfried von Anfang an eigen ist. Aber da sie nur bei der Werbung um Brünhild für Günther berichtet wird, wäre es möglich, dass sie erst durch die Contamination der Siegfrieds- und Günthersage jenem zugeschrieben wurde. Wir müssen sie demnach hier bei Seite lassen.

A erscheint in folgenden Formen.

1. Es giebt zwei Walküren. Die Walküre Siegfrieds heisst Hildr oder Sigrdrifa und ist nicht identisch mit der

---

[1] Wenn auch Atli Helgakvidha Hiörv. Prosa vor 1, dann 1 ff die Sprache der Vögel versteht, so ist doch der Unterschied, dass es von ihm als etwas Selbstverständliches erzählt wird, während es Siegfried lernt. Vgl. Ynglingasaga c. 21. Saxo I, 1, S. 194, 2, S. 146, Hornklofi bei Vigfusson Corpus p. b, 1, 256. — Der Zug scheint orientalischen Ursprungs; s. E. Koch, Die Nibelungensage 25 [2].
[2] S. das unverwundbar machende Bad in der Gönguhrolfssaga FAS. 3, 285. Christliche Analogien bei A. Graf, I complementi della Chanson d'Huon de Bordeaux XVI f.

anderen Walküre, welche Brünhild heisst und Günthers Gemahlin wird. Sigrdrifa ruht in zauberhaftem Schlaf[1] auf dem
Berge Hindarfiall, von der Waberlohe umgeben. Siegfried
findet sie daselbst. Nach einer Version erweckt er sie und
empfängt von ihr Belehrung, nach einer andern verlobt er
sich mit ihr. Gripisspa 15—18. Der Name Sigrdrifa kommt
nicht vor, aber die Walküre, welche auf dem Berge schläft —
die Waberlohe findet Bugge in dem gewiss verderbten Vers
eptir bana helga 15 —, welche Sigurdhr durch Zerschneiden
des Harnisches weckt, von der er Belehrung, nicht Liebe
empfängt, ist nicht Brynhildr, die Pflegetochter Heimes, welche
erst 27 erscheint. — Fafnismal 42—44. Sigrdrifa liegt im
zauberhaften Schlaf von der Waberlohe umgeben auf Hindarfiall.[2] Ob 40 *mey veit ec eina myclo fegrsta, gulli goedda, ef
þú geta maettir* auf Sigrdrifa oder Gudhrun geht ist ungewiss.
— Die in *R* verstümmelten Sigrdrifumal mit der ergänzenden
Paraphrase der Völsungasaga. Der Name Sigrdrifa steht nicht
im Gedicht, aber in den Worten der Prosa vor 1. 5, ebenso
die Waberlohe nur vor 1. Von dem zauberhaften Schlaf
spricht hier 1. 2. Unter den folgenden Strophen weisen 3. 4.
21 auf Liebe und Verlobung, die übrigen enthalten nur Belehrung. — Eine gefährliche oder schwierige That auszuführen
ist auch hier nicht die Bedingung, an welche die Belehrung
oder der Besitz der Walküre geknüpft wäre. Brünhild hat
nur geschworen, wenn sie heiraten müsse, keinem anzugehören,
der Furcht kenne, Prosa vor Sigrdrifumal 5, Völsungasaga c. 20.[3]
Dass Sigurdhr kein solcher sei, hat er genugsam durch seine
Waffenthaten erwiesen, nicht durch das Durchreiten der Waberlohe. — Snorra Edda 1, 360 (Skaldskaparmal c. 41) die von
Siegfried auf dem Berge erweckte Walküre heisst Hildr —
s. Helreidh Brynhildar 7, vgl. Helgakvidha Hund. 2, 29 — wird
zwar auch Brynhildr genannt, hat aber nichts mit Brynhildr,
der Schwester Atlis und Tochter Budhlis auf Hindarfiall zu

---

[1] Siehe den Schlafdorn, mit dem der Held gestochen wird, in der Gönguhrolfssaga FAS. 3, 303.
[2] In *máat Sigrdrífar svefni bregða Skiöldunga nipr fyr sköpum norna* ist
skiöldunga nipr mit Bugge S. 415 als Vocativ zu fassen.
[3] Dieselbe Bedingung für Erlösung einer verzauberten Frau in der Illu-
gasaga Gridharfostra FAS. 3, 657.

thun, welche das Durchreiten der Waberlohe als Bedingung
ihres Besitzes fordert. Weder Liebe noch Belehrung wird erwähnt. — Unter diesen Berichten sprechen Fafnismal und Sigr
drifumal allerdings nicht von Brynhildr, der späteren Gemahlin
König Günthers, aber da sie für die schlafende Walküre den
Namen Sigrdrifa verwenden, ist es wohl sicher, dass sie diese
von jener, welche sie doch gekannt haben müssen, scheiden.

Gripisspa 27 ff. nennt die spätere Gattin Günthers Brynhildr, die Tochter Buðhlis, Pflegetochter Heimis, ihre Walküren-
natur wird nur durch *harpugðict man* angedeutet. Die Waberlohe
wird nicht erwähnt, wohl weil sie schon bei Gelegenheit Sigrdrifas 15 vorgekommen war. Sigurdhr verlobt sich mit ihr, vergisst sie aber um Grimhilds Tochter Willen. Auf Grimhilds Rath
erwirbt er durch Gestaltentausch[1] Brünhild für Günther und
schläft bei ihr wie bei seiner Mutter 41.[2] Bei Snorri lernt
Sigurdhr Brynhildr, Atlis Schwester, auf Hindarfiall erst kennen,
als er, der Schwager Gunnars, sie für diesen durch Gestaltentausch und Durchreiten der Waberlohe als Erfüllung der ge-
stellten Bedingung erwirbt. Das keusche Beilager wird auch
hier erwähnt.

2. Es giebt nur eine Walküre, Brünhild, die spätere Gemahlin König Günthers. Deutlich wird dies als Meinung des
Dichters angegeben nur im Nibelungenlied, in der Thidhrekssaga und im faeröischen Brinhildlied. Denn in jenen Dar-
stellungen, welche nur einen Theil der Sage behandeln, können
wir nicht wissen, ob die Verfasser die unter 1. erwähnte, für
die ferneren Geschicke Siegfrieds, wenn wir von einem Theil
der Sigrdrifumal absehen, ganz bedeutungslose Begegnung mit
Sigrdrifa-Hildr gekannt oder sich ihrer erinnert haben.

Die Beziehungen Siegfrieds zu Brünhild, der späteren
Gemahlin König Günthers, erscheinen in folgenden Formen.

I. Siegfried sieht Brünhild zum ersten Male, als er seinen
gegenwärtigen oder künftigen Schwager, den König Günther,
bei seiner Bewerbung durch Gestaltentausch oder Unsichtbarkeit unterstützt. Snorra Edda 1, 360 (Skaldskaparmal c. 41)

---

[1] Vgl. die Saga von Hialmter und Ölver, Hialmter leiht sich Kraft von
Hördhr und Ölver aus FAS. 3, 500.

[2] Vgl. das Schwert zwischen Mann und Weib in der Gönguhrolfssaga
FAS. 3, 303.

s. oben 1. — Eines der im Nibelungenlied verwertheten deutschen Lieder. 763, Brünhild sagt: *ich hôrtes* (Günther und Siegfried) *jehen beide, dô ichs êrste sach, und dâ des küneges wille
an mîme lîbe geschach und dâ er mîne minne sô rîterlîch gewan,
dô jach Sîfrit er waere sküneges man.* S. auch 394. — Das
dänische Lied Syvard og Brynild in allen seinen Redactionen
Grundtvig 1, 16 ff. gehört vielleicht auch hieher. Syvard gewinnt Brynild durch den Ritt auf den Glasberg und giebt sie
Hagen (Nielus). — Auf diese Form scheint auch die seltsame
Ordnung: Tödtung des Drachen, Besuch bei Giuki, Besuch
bei der schlafenden Walküre, Rückkehr zu Giuki zu deuten,
welche sich in Gripisspa 13 findet. Auch Fafnismal 40 f.
und Siegfriedslied 11 scheint das anzunehmen. Im faeröischen
Lied Brinhild 64 ff. reitet Siegfried wenigstens auf dem Wege
zu Brünhild an Giukis Hof vorüber und Grimhild macht einen
vergeblichen Versuch ihn aufzuhalten und ihrer Tochter zuzu-
führen.

II. Siegfried hat Brünhild, bevor er mit Günther zu ihr
kommt, kennen gelernt. Es hat aber weder ein Liebesverhältniss
noch eine Verlobung stattgefunden. Siegfried hilft dann seinem
Schwager Günther durch Gestaltentausch oder Unsichtbarkeit bei
der Bewerbung. Sigurdharkvidha 3, 3. Sigurdhr kennt den Weg
zu Brynhildr (?), 3, 5 sagt sie *né ec vilda þat, at mic verr aetti,
ápr pér Giúkungar rîpot at garði prír á hestom.* 3 *vega kunni*
ist allerdings unsicher. Das folgende *hann um aetti, ef hann
eiga knaetti* erinnert an Fafnismal 40, wo die Beziehung aber
auch unsicher ist. — Eines der im deutschen Nibelungenlied
verwertheten Lieder. Der Besitz Brünhilds ist an den Sieg in
den Spielen geknüpft. Siegfried, der Günther bei dessen Werbung durch unsichtbare Hilfe unterstützt, um Günthers Schwester
zu erhalten, war vorher einmal bei Brünhild gewesen, 330. 341.
367. 371 ff. Der Verfasser von 394 f. weiss allerdings nichts
davon.

III. Siegfried hat Brünhild, bevor er für Günther um sie
wirbt, kennen gelernt und sich mit ihr verlobt. Später gewinnt
er sie durch Gestaltentausch oder Unsichtbarkeit für Günther,
dessen Schwester er heiratet. Gripisspa 27—43, s. oben S. 692.
— Mindestens zwei Lieder der Lücke im Regius der Liederedda
nach Sigrdrifumal, welche durch Völsungasaga c. 24. 26. 27

3*

repräsentirt werden, in letzterem Capitel auch zwei erhaltene
Strophen eines verlorenen Liedes. Sigurdhr sieht die Walküre
Brünhild, Budhli's Tochter, Heimis Pflegekind, bei diesem und
verlobt sich mit ihr, trotzdem sie ihm seine Untreue prophezeit,
c. 24. Sigurdhr trinkt bei Giuki den Vergessenheitstrank, den
ihm Grimhild reicht, und heiratet Gudhrun. Auf Grimhilds Rath
reitet Gunnar mit Högni und Sigurdhr zu Brünhild, um sie
zur Frau zu gewinnen. Sie wohnt in Hlymdalir. Nur der kann
sie erreichen, der durch die Waberlohe reitet. Sigurdhr nimmt
Gunnars Gestalt an, reitet durch die Lohe, gewinnt Brünhild
und hält mit ihr ein keusches Beilager. — Das faeröische Lied
Brinhild. Sjurdhur gelangt zu Budhlis Tochter Brinhild auf Hil-
darfiall 4 ff., indem er durch die Waberlohe reitet 77 ff. Er
weckt sie durch Zerschneiden des Panzers 81, gewinnt ihre Liebe
und verlobt sich mit ihr 93 ff. Aber in Folge eines von Grimhild gereichten Zaubertranks vergisst er Brinhild 145 und
heiratet Gudhrun 151. Darauf geht Sjurdhur mit Gunnar zu
Brinhild und gewinnt sie für Gunnar durch den Flammenritt 223.
224 (s. Hammershaimb's Anmerkung). — Thidhrekssaga c. 226 f.
— Thidhrekr, Gunnarr, Högni und Sigurdhr, der mit Gunnars
Schwester Grimildr (Gudhrun) vermählt ist, kommen zu Brynilldr in Segardhr und Sigurdhr wirbt für Gunnarr. Hier erst
wird erzählt, was c. 168 bei Gelegenheit der ersten Begegnung
zwischen Sigurdhr und Brynilldr nicht vorgekommen war, dass
Sigurdhr und Brynilldr sich damals Treue gelobt hätten. Un-
willig fügt sie sich und nimmt Gunnarr. Keine Waberlohe. Die
Handschr. *A*, welche Gudhrun statt Grimilldr setzt, fügt c. 227
hinzu, dass der erste Besuch Sigurdhs bei Brynilldr auf dem
Felsen *á fialli* stattgefunden hatte, gegen c. 168 auch in der
Fassung *A*, und dass Gudhrun Sigurdh verzaubert habe *gabbat
med sinni fiolkyngi*.

    Zu 1, S. 690. Zwei Vorstellungen begegnen sich: Die
Walküre ist die Lehrerin oder die Geliebte Sigurdhs. Man darf
nicht schliessen, weil die Waberlohe zwar vorkommt, der Ritt
durch sie aber nicht als die Bedingung hervorgehoben wird,
an welche der Besitz der Walküre geknüpft ist, müsse eine
Variation des beliebten Motivs der gefährlichen Brautwerbung,
müsse die Vorstellung von Brünhild als Lehrerin das ältere
sein, bei dem man eine solche Bedingung leichter vermisse.

Denn auch in Fiölsvinnsmal und Skirnismal hängt die Erwerbung Menglödhs und Gerdhs nicht davon ab, dass Freyr oder
Svipdagr die Waberlohe durchreiten, und auch wichtige Belehrung könnte an gefahrvolle Bedingungen geknüpft sein.
Beide Vorstellungen mögen alt sein. Als Lehrerin stände die
Walküre in ihrem Verhältnisse zu Sigurdhr dem Gripir in Gripisspa, dem Hnikarr in Sigurdharkvidha 2, dem Fafnir und
den Vögeln in Fafnismal zur Seite. Auf die Hebammenkunde
der Fürsten Sigrdrifumal 9 *(biargrúnar)* wird auch Fafnismal 12
und Rigsmal 43 *(mönnum biarga)* angespielt.[1] Runen überhaupt
lernt der junge Jarl, Rigsmal 36. 45. S. Edzardi Germ. 23, 323.

Dass die Formen von 2, S. 692, nicht das Ursprüngliche
bewahrt haben, ist deutlich. Wenn es eine Sagenform gab, nach
welcher die Walküre Sigrdrifa (Hildr im Skaldskaparmal) und
Brynhildr, zu denen Siegfried in Beziehung tritt, als verschiedene
Wesen aufgefasst werden, so in 1, neben einer andern, in welcher sie zu einer Person vereinigt werden, so ist es von vornherein wahrscheinlich, dass die erste wie in Gripisspa das ältere
bewahrt hat, da allerdings, sobald die Sage zu biographischer
Behandlung vorschritt, sich eine ästhetische Veranlassung ergab,
aus den zwei Walküren eine zu machen, d. i. die in der Lebens-
geschichte Siegfrieds ganz isolierte Sigrdrifa mit Brynhildr zu
verschmelzen, nicht aber aus der einen Brynhildr, wenn dies
das Ursprüngliche ist, zwei Walküren zu machen. Dass die
eine Brynhildr von 2 aus zweien entstanden ist, zeigt sich aber
durch die Waberlohe oder die Spiele. Wenn ihr Besitz an die
Bedingung des Flammenrittes oder des Sieges in den Spielen
geknüpft war, so ist unbegreiflich, warum diese Bedingung bei
dem ersten Besuche Siegfrieds nicht vorkommt, oder warum,
nachdem Siegfried bei dem ersten Besuch die Bedingung erfüllt hat, dieselbe noch fortbestehen und für den zweiten Besuch mit Günther verwendet werden kann; s. Symons P. B.
Beiträge 3, 258. Die Dichter fühlten, dass zwei Ritte durch
die Flammen oder zwei Siege in den Spielen zu demselben
Zwecke logisch und ästhetisch nicht angiengen. Nur das faeröische Lied Brinhild hat den Widersinn: 45 stellt Brinhild die

---

[1] FAS. 3, 267 entbindet Gönguhrolfr eine Frau. Vgl. König Skyoldus als
Arzt, Saxo I, 1, 25.

Bedingung, 75 erfüllt sie Siegfried, 95 folgt seine Verlobung
mit ihr, 223 f. reitet Siegfried für Günther durch die Waberlohe.
Da aber die letzterwähnten Strophen an unrechter Stelle stehen,
mögen sie aus einem andern Liede stammen; s. Hammershaimb
zu der Stelle. — Die Unzukömmlichkeiten fallen weg, wenn
wir Brünhilds Einheit wieder auflösen in Siegfrieds Walküre
und Günthers Walküre. Bezüglich der Waberlohe oder der Spiele
ist nun zweierlei möglich, einmal dass sie ursprünglich beiden
Walküren zukamen, später aus logischen und ästhetischen Gründen für die Günthers reserviert wurden. Sie könnten aber auch
anfänglich nur Bedingung für die Erwerbung von Günthers
Walküre gewesen sein, bei der sie immer vorkommen und vorkommen müssen, da sie allein Siegfrieds Rolle als Helfer er-
möglichen. S. Symons P. B. Beiträge 3, 279.

Von I, II, III können I, II auf der Form von 1 beruhen,
nach welcher Siegfried von Sigrdrifa Hildr nur Belehrung, nicht
Liebe empfangen hat. Das heisst ein für die fernere Entwicklung
von Siegfrieds Schicksalen unwichtiger Umstand konnte entweder ganz vergessen werden I, oder es war blos die abstracte
Vorstellung eines Besuches bei Brünhild übriggeblieben, II. Der
Conflict entsteht nach dieser Auffassung nicht durch Siegfrieds
Treulosigkeit, sondern durch den Betrug bei der Erwerbung;
s. Symons P. B. Beiträge 3, 260. I ist eine sehr ursprüngliche
Form und zeigt uns Siegfrieds Beziehung zu Sigrdrifa-Hildr
einerseits und Günthers Beziehung zu Brünhild ganz unver-
mischt. Das Durchreiten der Waberlohe oder die Spiele stehen
hier am richtigen Platz als Bedingung für die Erwerbung Brünhilds. II und III setzen die Identificierung der beiden Walküren voraus, letztere, mit Vorstellung eines Liebesverhältnisses
zwischen Siegfried und Sigrdrifa, sind also jünger.

Was von den späteren Geschicken Siegfrieds der echten
Siegfriedssage angehört, können wir nicht wissen, da sie nur
in Verbindung mit der Günthersage erzählt wird. Aber auch
das Wenige aus seiner Jugendgeschichte, was wir als echte
Siegfriedssage anerkennen dürfen, so neben A) B), s. S. 690,
der Drachenkampf und die Erwerbung des Schatzes, hilft vor-
derhand nicht weiter, da sich kein Anknüpfungspunkt an die
Geschichte des von Attila besiegten und von der Schwester
Hildiko gerächten Gundicarius zeigt.

Es wäre möglich, dass es eine mythische Sage gegeben habe, welche einerseits durch Namen oder Ereignisse Aehnlichkeit mit der historischen Burgundensage zeigte, andererseits Anlass zu einer Verknüpfung mit der Siegfriedssage bot. Eine solche ist nicht gefunden. Der Zwergkönig Gübich, Hibich, Gâweke, Gäbke hat doch nichts als vielleicht den Namen und die Stellung als reicher König mit dem Ahnherrn des burgundischen Geschlechtes gemein; Zeitschr. 1, 573; Rieger, Germania 3, 171. Die Verbindung der Burgundensage mit Siegfried erklärt er nicht. Es wäre aber auch möglich, dass die Siegfried- und die Günthersage dadurch vereinigt wurden, dass man in den Helden beider Sagen Personen zu erkennen glaubte, oder sich an Personen erinnert fühlte, welche in einer dritten Sage schon von vornherein in Verbindung gebracht wären.

Diese dritte Sage scheint in Erzählungen über die Beziehungen irdischer Helden zu König Godhmundr von Glaesisvellir vorzuliegen. Es kommen zwei Formen in Betracht. Die erste wird repräsentiert durch die Saga von Thorstein boejarmagn FMS. 3, 174.[1] Sie ist in die Fornmanna sögur aufgenommen, weil sie eine oberflächliche Beziehung zu König Olafr Tryggvason zeigt, kommt aber nicht wie der Nornageststhattr oder der Helgathattr Thorissonar in den Handschriften der Königssagas vor, gehört vielmehr nach ihrem ganzen Charakter und auch nach der Umgebung, in welcher sie in den Handschriften steht, zu den Fornaldar sögur, und zwar mit grösserem Rechte als der Nornageststhattr.

Wie ich durch freundliche Belehrung Kaalund's erfahre, eröffnet die Saga in der Handschr. 343 AM 4° die Sammlung, dann kommt *Samsons s. hins fagra, Egils saga einhendar og Asmundar berserkjabana* FAS. 3, 365, *Flores konungs s., Vilhjalms saga sjóds, Yngvars s. vidförla, Ketils s. haengs* FAS. 2, 107, *Örvar-Odds s.* FAS. 2, 159, *Gríms s. lodinkinna* FAS. 2, 141, *Ans s. bógsveigis* FAS 2, 323, *Saulus s. ok Nikanors, Halfdanar s. Eysteinssonar* FAS. 3, 519, *Herrauds ok Bósa s.* FAS. 3, 191,

---

[1] Uebersetzt und besprochen von E. Russwurm, Zeitschrift für deutsche Mythologie 1, 410. Ueber Godhmundr af Glaesisvöllum handeln P. E. Müller, Sagabibliothek 3, 245 ff. 423, zu Saxo I, 2, 65. 131. 245 f.; Grimm, Mythologie 784³. 3, 154. 244⁴; Simrock, Mythologie 258; Maurer, Bekehrung 1, 330; Uhland, Schriften 3, 38 f. 51. 8, 110; Müllenhoff, Alterthumskunde 1, 45. 5, 116. 118.

Vilmundar s. vidútan, meistara Perus s. — In der Handschr. 510
A M 4⁰ ist die Abfolge: *Víglundar s. Herrauds ok Bósa s.* FAS.
3, 191, *Jarlmanns ok Hermanns s., Thorsteins s. boejarmagns, Jóms-*
víkinga s., Finnboga s., Drauma-Jóns s., Fridpiófs s. FAS. 2, 61.
488. — In der Handschr. 571ᵃ⁻ᵇ A M: *Alaflecks s., Hálfdanar s.,*
Brönufóstra FAS. 3, 559, *Thorsteins s. boejarmagus, Grettis s.*
— In der Handschr. 577 A M: *Egils s. einhenda* FAS. 3, 365,
Vilhjálms sjóds s., s. af Bósa ok Herraudi FAS. 3, 191, *Thor-*
steins s. boearmagus, s. af Vilmundi vidútan, s. af Flores konungi.
— In der Handschr. 589ᵃ⁻ᶠ A M: *Kirialax s., Samsonar s. fagra,*
Valdimars s., s. af Clarus keisarasyni, s. af Ector, s. af Stúf
kattarsyni, s. af Thorsteini boejarmagn, s. af Egli einhendta FAS.
3, 365, *s. af Hálfdani Brönufóstra* FAS. 3, 559, *s. af Stur-*
laugi starfsama FAS. 3, 592 *s. af Göngu-Hrólfi* FAS. 3, 235,
s. af Alafleck, s. af Hákoni norska.

Alle diese Handschriften sind nach Kaalund isländisch,
343. 510. 571, c. 1500, — 577 vom Schluss des 15. Jahrhunderts,
— 589 aus dem 15. Jahrhundert. — Die angeführten sind die
ältesten Pergamenthandschriften, welche unsre Saga bringen.
— Die Saga verräth noch ziemlich deutlich den Ursprung aus
einzelnen, zum Theil sich widersprechenden Erzählungen. Das
erste Abenteuer von einem Besuche bei einem ungenannten
König der Unterwelt hat gar keinen Zusammenhang mit den
folgenden Begebenheiten. Der Erzähler scheint hiebei nach
wechselnden Ueberlieferungen gearbeitet zu haben. Aus seinem
Bericht wird nicht klar, woher er weiss, dass der eine Zwerg
Bialbi heisst 176. 178, noch wozu die Handschuhe dienen, da
die Gabe der Unsichtbarkeit nach 177 dem Steckenpferd an-
haftet. Wahrscheinlich war ursprünglich dieses nur das wunderbare Reitthier, das ihn in die Unterwelt trägt und die Handschuhe verliehen die Gabe der Unsichtbarkeit. — Das zweite
Abenteuer 179 f., die Beschenkung durch den Zwerg, dem er das
Kind gerettet, steht allerdings in Verbindung mit dem dritten,
dem mit König Gudhmundr bei König Geirrödhr gemachten
Besuch, aber die Verbindung ist nicht ursprünglich. Von den
vier Geschenken wird nur der unsichtbar machende Stein und
das Unwetter erregende Feuerzeug[1] mit den ihnen hier zuge-

---

[1] Statt des den Nordländern so wichtigen Feuerzeugs, FMS. 7, 225, finden
wir im Huon de Bordeaux 3268 ff. das wunderbare Horn, durch dessen

schriebenen Eigenschaften verwendet, der Rock aber, der hier
die Gabe besitzt, Ermüdung beim Schwimmen[1] und Wunden
zu verhindern, soll nach 190 vor Gift bewahren, und der Ring,
der immer Geld verschafft, kommt gar nicht zur Verwendung.

Auch die Erzählung von dem Besuche bei Geirrödhr selbst
zeigt solche Inconcinnitäten. Die Erwerbung Godhruns steht
ganz abseits S. 194. Thorstein erhält sie keineswegs als Be-
lohnung von König Godhmundr, sie ist diesem auch nicht verwandt, nur als Bewohnerin des Jötunenlandes seine Lands-
männin. S. 190 f. sind offenbar zwei Gefahren bei dem Trunk
aus dem Horne Grims vermischt, es nicht austrinken zu können
und vergiftet zu werden; dem entsprechen sogar zwei Gegen-
mittel, das Bier in den Rock zu schütten, und der wunderbare
Rock selbst, der giftsicher macht. — S. 195 wundert sich Godhrun, die doch unter Riesen und Jötunen aufgewachsen war, über
die Grösse Thorsteins, den die anderen zwergenhaft finden 182.
192. — S. 193 werden Agdhi Funken in die Augen gespritzt,
195 bekommt er eine davon ganz unabhängige Augenentzündung.

Auf isländischen, nicht norwegischen Ursprung deutet der
seltsame Beiname Thorsteins, *baearmagn*, d. i. *boejarmagn*. *Engi var
iafnstórr í Noregi*, heisst es 175, *ok trautt fengust þaer dyr at
hónum vaeri haegt um at ganga, ok því var hann kallaðr baearmagn, þviat hann þótti ofmagni bera flestum húsum.* Der riesi-
sche Godhmundr sagt dann 182 spottend: *þiki mér þú heldr
mega heita baearbarn enn baearmagn.* *Boer* ist also in der Bedeutung von *hús* gebraucht: das ist isländisch, nicht norwegisch.

Berührung Unwetter erzeugt wird, was mit den übrigen Eigenschaften
des Horns, deren Verwerthung auch ein Berühren des Horns erfordert
nicht zusammengeht.

[1] S. Halfdanarsaga Brönufostra FAS. 2, 576; Saga Egils ok Asmundar
FAS. 2, 397. Im Huon de Bordeaux 4579 ff. hat der wunderbare *hau-
berc* Auberons statt dieses speciell nordischen Zugs nur die Eigenschaft
dem Besitzer vor dem Ertrinken zu bewahren, wenn er ins Wasser
falle. Aber wenn Huon trotz dieses Geschenkes S. 158 f. am Meeres-
ufer verzweifelt, bis ihn ein Nix hinüberträgt, weil er dem Harnisch
nicht traut, so sieht dies so aus, als sollten zwei sich ausschliessende
Formen einander zum Behufe der Contamination angeglichen werden.
— In den Römerzeiten wäre allerdings dieser Zug nicht als ‚speciell
nordisch‘ anzusehen. S. Pomponius Mela 3, 3 *nandi non patientia tantum,
studium etiam est Germanis.*

Die zweite Form ist vertreten durch den Thattr von
Helgi Thorrisson FMS. 3, 135, Flateyjarbok 1, 359, aus Handschriften der Königssagas, — Nornageststhattr bezieht sich darauf, Flateyjarbok 1, 347 *sem siđar mun sagt verđa,* — Saxo Gram-
maticus I, 1, 422 ff., die Saga von Herraudhr und Bosi FAS. 3, 193.
— Nur für die Person, die Familie und das Reich des König
Godhmundr af Glaesisvöllum kommt noch in Betracht der Thattr
von Nornagestr ed. Bugge 1864, Wilken in den prosaischen
Edda 1, 234, FAS. 1, 313, Flateyjarbok 1, 346, — die Hervörsaga ed. Bugge 1873, FAS. 3, 411. 513, — die Saga von Halfdanr Eysteinsson FAS. 3, 519, — die Saga von Erekr vidhförli
FAS. 3, 661.
    Aus diesen Berichten erfahren wir über König Godh-
mundr, dass er über das Land Glaesisvellir herrscht, dem Risa-
land unterworfen ist (Thorst. 183), das Ganze heisst aber auch
Risaland, (Thorst. 185). Davon ist das Land Jötunheimar durch
den furchtbar kalten Fluss Hemra geschieden (Thorst. 183 f.).
Wenn ausserdem noch ein Heradh Grundir, über das der Jarl
Agdhi herrscht, als zwischen Risaland und Jötunheimar be-
findlich angenommen wird (Thorst. 184), so ist dies nicht nothwendig im Widerspruch mit der Grenze, welche der Fluss
Hemra bilden soll. Denn der trollähnliche (Thorst. 188 f.)
Jarl gehört jedenfalls zu den Jötunen. — Saxo I, 1, 423 begegnet auch ein Fluss mit goldener Brücke, welche Sterbliche
nicht überschreiten dürfen. Im Verlauf der Erzählung von
Thorsteinn (197) wird Jötunheimar und Grundir mit Risaland
unter König Godhmundr vereinigt. — Die Hervörsaga nennt
ihn König von Jötunheimar, der in Grund im Herad *Glasisvellir*
residiert habe, 203 Bugge, FAS. 1, 513, in der anderen Fassung
ist die Lesart wie sonst *Glaesisvöllum* FAS. 1, 411. — Nach
der Hervörsaga ist daselbst das Unsterblichkeitsfeld *Úđáinsakr*
203 Bugge, FAS. 1, 411. 513. — Dieser Ort kommt, aber
ohne Beziehung auf Godhmundr, in der Saga von Halfdan
Eysteinsson und der von Erekr vidhförli vor FAS. 3, 519.
661. 665 f. 670.
    Godhmunds Haus und Garten wird bei Saxo als eine Art
Elysium, ein Sitz behaglichen Genusses geschildert I, 1, 423 f.
Sein Reichthum geht auch aus der Thorsteinssaga boejarmagns S. 191, der Saga von Herraudhr und Bosi FAS. 3, 220,

dem Helgathattr FMS. 3, 136. 138, dem Nornagéststhattr c. 1, S. 49 (ed. Bugge) hervor.

In dieses Reich Godhmunds kommt Thorsteinn nach halbmonatlicher Seefahrt von Jamtaland (Thorst. 181). Das kann demnach nicht das schwedische Jämtland sein,[1] Helgi (Helgath. 135) erreicht es auf der Rückfahrt von Finnmarken. Nach Saxo (I, 1, 422) liegt es in ulteriori Biarmia, — er nennt übrigens Glaesisvellir nicht. Auch nach der Saga von Herraudhr (208) liegt es bei Biarmaland. Die Hervörsaga (203 Bugge, FAS. 1, 513) versetzt Godhmundr nach Finnmarken oder in eine Gegend zwischen Halogaland und Gandvik (FAS. 1, 412). Der Udainsakr aber wird in der Erekssaga (FAS. 3, 666) nicht weit östlich von Indien angenommen und mit dem Paradies identificiert. — Das hohe Alter, welches eine Fassung der Hervörsaga (FAS. 1, 442) Godhmundr beilegt, beinahe hundert oder fünfhundert Jahre, wird mit der Vorstellung vom Unsterblichkeitsfelde zusammenhängen. — Von Person ist Godhmundr ein Riese wie alle Bewohner seines Reiches (Thorst. 182), aber nicht trollähnlich (Thorst. 189). — Nach seinem Tode wird er göttlich verehrt (Hervörsaga c. 6).

Godhmundr ist dem König Geirrödhr von Jötunheimar tributpflichtig (Thorst. 183). Bei Ablieferung des Tributs hat sein Vater in Geirrödhsgardhar den Tod gefunden (*fékk bana*). Er ist mit diesem Abhängigkeitsverhältniss übel zufrieden (Thorst. 183) und fürchtet bei Geirrödhr dasselbe Schicksal zu erleiden wie sein Vater (Thorst. 190. 191). — Nach Saxo (I, 1, 423) aber ist Godhmundr Geirrödhs Bruder.

Ueber seine Familie berichtet die Thorsteinssaga (183), dass sein Vater Ulfhedhinn geheissen habe, aber auch Godhmundr, wie alle, die in Glaesisvellir wohnen, — sein Sohn heisst Heidhrekr Ulfhamr und herrscht später in Jötunheimar (197). — Die Helgisage legt ihm eine Tochter Ingibiörg bei (136), Saxo (I, 1, 424) mehrere Töchter, welche wie Ingibiörg die Rolle von Verführerinnen spielen. In der Herraudhssaga hat er eine Schwester Hleidhr. In der Hervörsaga wird ihm nur ein Sohn, der weise Richter Höfundr zugeschrieben (c. 1), der später die

---

[1] S. FAS. 3, 318 Ermland für Ormaland; vgl. 3, 630 ein Vermaland an der See.

wilde Walküre Hervör I. heiratet (c. 6, — FAS. 1, 411. 444. 513.
523). Deren Söhne sind Angantyr I. und Heidhrekr, Heidhreks
Söhne Angantyr II. und Hödhr, dazu eine Tochter Hervör II.
Angantyrs II. Sohn ist Heidhrekr Ulfhamr (c. 15, FAS. 1, 509),[1]
also gegen Thorst. — Zu seinen Haushalt gehören Fullsterkr
und Allsterkr (Thorst. 183).. — Nach der Saga von Herraudhr
und Bosi besitzt er einen Rathgeber *rádgiafi* Sigurdhr, der bei
ihm in hohen Ehren steht (FAS. 3, 220 f.).

Von Jarl Agdhi, der über das oben erwähnte Heradh
Grundir herrscht, wird noch berichtet, dass seine Residenz
Gnipalundr ist, und seine zwei Diener Jökull und Frosti
heissen (Thorst. 186).

Die Diener des Königs Geirrödhr sind Drauttr (Dröttr?)
und Hösvi (Thorst. 186).

Von Thorsteinn, dem Helden der ersten Form der Godhmundgeschichten, erzählt der Bericht, welcher uns in der Thorsteinssaga vorliegt, Folgendes. Auf dem Wege zu König Geirrödhr,
von· dem er nach dem Tode seines Vaters belehnt werden soll,
trifft Godhmundr den ungewöhnlich grossen Norweger Thorsteinn Boejarmagn, der im Besitze eines unsichtbar machenden
Steines und eines aus Stahl und Stein bestehenden Feuerzeuges
ist, dem die Kraft innewohnt Unwetter zu erzeugen, und nimmt
ihn, obwohl er ihm, dem Riesen, wie ein lächerlicher Zwerg
vorkommt, mit sich, indem er ihn neben sich auf sein Pferd
setzt. Nachdem sie den gefährlichen und furchtbar kalten
Fluss Hemra[2] passiert haben, finden sie andre Diener Godhmunds und kommen zu Geirrödhr, wo sie mit einer seltsamen
Musik empfangen werden *(en ecki þótti Thorsteini af setning
slegit)* 184.

Am ersten Tage veranstaltet König Geirrödhr ein Ballspiel. Der Ball ist sehr schwer, glühend, es tropft von ihm
herab wie brennendes Pech. Der unsichtbare Thorsteinn unter-

---

[1] Durch diesen kommt der oben erwähnte Högni mit Godhmundr af
Glaesisvöllum in Berührung, denn im Sörlathattr, der Geschichte von
Högni und Hedhinn, lesen wir Flateyjarbok 1, 279: *Högni átti Hervöru
Hiörvardzdóttur Heidrekssonar úlfhams.*

[2] Vimra? S. Snorra Edda, Skaldskaparmal c. 18 den Fluss Vimur, welchen
Thor auf seinem Wege zu Geirrödhr überschreiten muss. S. Müllenhoff Alterthumskunde 5, 117.

stützt Godhmunds Diener Fullsterkr und Allsterkr gegen den Wurf Drautts, Geirrödhs Diener, und Frostis, Agdhis Diener, 18, *þeir* (Fullsterkr und Thorsteinn) *snöruðu at Frosta.* Es sieht also aus, als ob Fullsterkr würfe. Ebenso hilft er bei dem am nächsten Tage veranstalteten Ringkampf Fullsterkr und Allsterkr gegen Jökuls Diener Frosti und Jökull, desgleichen dem König Godhmundr selbst gegen Agdhi 188 f. und allen Gefährten Godhmunds beim Trinken 189. Am dritten Tage lässt Geirrödhr ein ungeheures Trinkhorn kommen, das von einem prophetisch redenden Kopf, der an der Handhabe angebracht war, den Namen *Grímr hinn gódhi* führte.[1]

Durch die Hilfe Thorsteins, der sich jetzt erst zeigt und wieder den Eindruck eines Zwerges macht, gelingt es Godhmundr die Gunst Grims zu erlangen und Geirrödhr die Meinung beizubringen, er habe das Horn in einem Zuge ausgetrunken 191 f. Zum Schlusse tödtet Thorsteinn Geirrödhr durch seinen Gewitterstein 193. — Thorsteinn gewinnt dann die von einer menschlichen Mutter geborne Tochter Agdhis, Godhrun, zum Weibe 195 und wird, da er auf deren Erbe, das Heradh Grund mit Gnipalundr Anspruch macht, trotzdem er Christ ist, Lehensmann König Godhmunds 197. — Einige Aehnlichkeit mit diesem letzten Zuge zeigt die Saga von Herraudhr und Bosi, nach welcher Herraudhr Hleidhr, die Schwester König Godhmunds von Glaesisvellir, aus der Gefangenschaft befreit, dem König also einen Dienst erweist 215, und sie dann gegen den Willen desselben heiratet, 224.

Die zweite Sage von Godhmundr wird am ausführlichsten durch den Thattr von Helgi Thorisson wiedergegeben. Dieser trifft auf der Rückkehr von Finnmarken in einem Walde die schöne Tochter König Gudhmunds von Glaesisvellir, Ingibiörg, mit ihren Gefährtinnen, deren Aufzug als höchst prächtig und kostbar geschildert wird. Ingibiörg trägt ihm ihre Liebe an. Er schläft drei Nächte bei ihr und sie beschenkt ihn beim Abschied reichlich. Später lässt Ingibiörg Helgi, der zu König

---

[1] Vgl. das prophetische Trinkhorn in Hrolfssaga Gautrekssonar FAS. 3, 164 die von Godhmundr stammenden Hörner Grimar im Nornageststhattr c. 1, das unbenannte Trinkgefäss Godhmunds im Thattr von Helgi Thorrisson FMS. 3, 139, und die Hörner Hvitingar Thorsteinssaga boejarmagns FMS. 3, 194.

Olafr zurückgekehrt ist, wieder entführen und sendet ihn nach
einiger Zeit geblendet heim, damit die norwegischen Frauen
keine Freude an ihm hätten. — Die verführerischen Töchter
Godhmunds hat auch Saxo I, 1, 424. Ein sonst nicht erwähnter,
aber als *egregius ille tot monstrorum domitor, tot periculorum
subactor* bezeichneter Buchi heiratet eine derselben, verliert
sofort das Gedächtniss und ertrinkt in dem Grenzfluss I, 1, 428.

An dem mythischen Charakter dieser Erzählungen ist
nicht zu zweifeln. Ich erinnere nur an die Nachricht von der
göttlichen Verehrung, s. König Hölgi und Thorgerdhr, Skaldskaparmal c. 45, — welche Godhmundr nach seinem Tode ge-
zollt wurde, an den Udainsakr, an den eiskalten Fluss Hemra,
der sein Gebiet begrenzt, an die Namen der ihm feindlichen
Jökull und Frosti. — Der Name seines Landes *Glaesisvellir,
Glasisvellir* deutet auch darauf. Es ist ‚Glanzfeld‘, s. den Baum
oder Hain *(lundr)* Glasir in der Snorra Edda 1, 340 (Skaldskaparmal c. 34) und die dort citierten Verse *Glasir stendr med
gulnu (gullnu) laufi fyrir Sigtýs sölum, — Glasislundr* in der Helgakvidha Hiörvardhssonar 1, mit *Rödulsvellir* 6. 43, als Sitz des
Königs Hiörvardhr; vgl. den Saal Glitnir Grimnismal 15. Er
gehört natürlich zu *gler,* dessen älteste Bedeutung ‚Glasperle‘
zu sein scheint, s. Cleasby-Vigfusson *glys, glaesa,* ags. *glaer*
n. electrum, succinum, vgl. *glaesum, Glaessiae, Glaesaria* Plinius
N. H. 4, 97. 103. 37, 42, *glaesum* Tacitus Germania c. 45.[1] —
Als historischer Ortsname begegnet *Glaesiboer* auf Island, s. Re-
gister zur Sturlunga, was an Tacitus Germania c. 16 erinnert,
aber vielleicht nur zu verstehen ist wie *glaesimadr* Snorra
Edda 1, 559. Der Gegensatz dieses mythischen Aufenthalts
wäre *Nidavellir, Nidafiöll* Völuspa 36. 62 R, Snorra Edda 1,
198 (Gylfaginning c. 52) ‚Finsterfeld‘. Ein anderes mythisches
Local ist *Gnipalundr,* Agdhis Wohnsitz. Das Wort erscheint

---

[1] Die Ueberlieferung führt trotz oder vielmehr wegen einiger Schrei-
bungen *gles-, glas-* aus *glaes-,* d. i. *glais-.* Das macht die Verwandtschaft
mit ‚Glas‘, alts. *gler,* ags. *glaes,* altn. *gler, glaesa* zweifelhaft, obwohl
ahd. *electri: glases* vorkommt. Die in lateinischer Form überlieferten
Wörter stammen vielleicht von alts. *glitan,* ags. *glisian,* wie g. *veis* von
vitan usw., Kluge P. B., Beiträge 9, 152. Allerdings nach *Chatti* wäre
dann *glaettum* oder *glaetum* zu erwarten. Aber möglicherweise erhielt
sich in dem Volksnamen die alte Form länger.

für *Gnipahellir* in *U* der Snorra Edda 1, 190 (Gylfaginning c. 51), in der Helgakvidha Hundingsbana 1, 30. 34. 40. 50, im Lande der Söhne König Granmars, s. oben S. 686, *Gnipahellir* Völuspa 43 ff. R. Snorra Edda 1, 190 (Gylfaginning c. 51), *Gnipaheidr* statt *Gnitaheidr* im Nornageststhattr c. 5 nach der Flateyjarbok. — Dies *Gnipalundr* der Thorsteinssaga liegt im Heradh *Grundir*. *Grund, Grundir* kommt zwar sonst auch vor (Flateyjarbok 3, 110. 566. FMS. 9, 335), haftet aber fest an userm Mythus. In der Hervörsaga c. 1 ist es der Wohnsitz König Godhmunds selbst.

Mythisch ist natürlich Geirrödhr, s. die Thorsdrapa Eilifs Gudhrunarsons Corpus poeticum bor. 2, 19, Snorris Bericht, Snorra Edda 1, 284 (Skaldskaparmal c. 18), Saxo I, 1, 426, — aber auch Agdhi s. FMS. 6, 360, Uhland Germ. 6, 345; Schriften 3, 37 ff.

Aber wir dürfen wohl annehmen, dass uns dieser Mythus nicht in der ursprünglichen Gestalt erhalten sei.

Wenn es in der Thorsteinssaga heisst, dass der Vater Godhmunds wie sein Sohn neben andern Namen, die sie trugen, auch Godhmundr geheissen haben wie alle Könige von Glaesisvellir, so lässt sich diese eigenthümliche Thatsache kaum anders erklären, als dass die Erzählungen, welche uns von dem alten Ulfhedhinn, Godhmunds Vater, wie von Höfundr, Godhmunds Sohn, überliefert werden, sich ursprünglich, nicht in einer biographischen Erzählung, aber in mehreren Mythen auf dieselbe Person bezogen haben, welche vorzugsweise Godhmundr af Glaesisvöllum genannt wird, von dem verschiedene und zum Theil widersprechende Sagen umgiengen, so von seinem Sieg über Geirrödhr wie von seiner Ermordung durch diesen, welche dann durch halbgelehrte Ueberlieferung zu einer pragmatischen Genealogie vereinigt wurden. Denn ein Anlass Ulfhedhinn oder Höfundr Godhmundr zu nennen liegt nicht vor, — während wir deutlich erkennen, warum Sigrdrifa (Hildr) ihren Namen gegen Brynhildr aufgeben musste. Godhmundr würde demnach wiedergeboren, ähnlich wie Helgi, so dass wir die alte Vorstellung — s. Cleasby-Vigfusson Dictionary *nafn* — von König Godhmundr vielleicht so formulieren dürfen. Der göttliche Godhmundr af Glaesisvöllum herrschte über eine Art Elysium, er hat eine verführerisch verderbliche Tochter oder Schwester — hiess sie Godhrun? — er heiratet eine Walküre, sein Feind ist König

Geirrödhr, nach einer Version unterliegt er dessen Tücke, nach
einer andern überwindet er ihn durch die Hilfe eines Gefährten,
der ihm in zauberischer Weise bei den drei Spielen beisteht.

Die Aehnlichkeiten der ersten der besprochenen Erzählungen der Thorsteinssaga mit den Berichten über den Besuch
Thors, seines Gefährten Loki und seines Dieners Thialfi bei
dem Riesen Geirrödhr ist deutlich; Eilifr Gudhrunarsons Thorsdrapa Snorra Edda 1, 289 ff. (Skaldskaparmal c. 18), Corpus
poet. bor. 2, 19, — die auf ein altes Gedicht, von dem ein paar
Strophen mitgetheilt werden, gestützte Darstellung Snorris
selbst, Snorra Edda 1, 284 (Skaldskaparmal c. 18, Saxos Erzählung 1, 426, wo Thorkillus als Begleiter des Königs Gormo
bei Geruthus auftritt.[1] Der Gefährte Thors, der gefährliche
Fluss, die Tödtung Geirrödhs durch eine feurige Masse kommen
überall vor. Die Form der Spiele bei Snorri, das Anklammern
Lokis oder Thialfis an Thors bei Ueberschreitung des Flusses
haben Eilifr und Snorri. Man könnte sogar sagen, die Erzählung
von Thorsteinn stehe der ursprünglichen Gestalt des Mythus
von Geirrödhs Tödtung näher, da in ihr der Begleiter seines
Gegners eine wichtige Rolle spiele, während man bei Eilifr
und Snorri nicht sehe, wozu Thorr seine Gefährten mitge-
nommen habe. Doch kann sich die Sache auch anders ver-
halten.

Auch der Besuch Thors mit Loki und Thialfi bei Utgardha-
loki ist zu vergleichen, Snorra Edda 1, 150 (Gylfaginning
c. 26). Loki hat das Wettspiel zu bestehen, bei dem es sich
um Schnelligkeit im Essen handelt, Thialfi den Wettlauf, Thorr
selbst, welcher neben dem Riesen wie ein Kind erscheint, soll
das ungeheure Horn austrinken, die Katze aufheben, mit dem
alten Weibe ringen. Vgl. Saxo I, 1, 429 ff.

Entferntere Aehnlichkeit zeigt der Besuch Thors mit Tyr
und Thialfi? s. Str. 38, — bei Hymir in der Hymiskvidha.[2]

---

[1] In scandinavischen Volksliedern ist Name (Thorkel Adelfar) und Geschichte der Helden bewahrt; s. Grundtvig, Om Nordens gamle Literatur 86.

[2] Vgl. auch die Geschichten von Ortnits Brautwerbung und Huons von
Bordeaux Besuch bei König Gaudisse (Godian, Dietrichs Flucht 2137 ff.),
in denen die Helden durch zauberkundige Helfer, Alberich, Auberon
unterstützt werden; s. Lindner, Ueber die Beziehungen des Ortnit zu

Aber nicht geringere, ja grössere Aehnlichkeit als mit diesen Mythen hat die Erzählung von Thorsteinn und Godhmundr mit Siegfrieds und Günthers Werbung um Brünhild, besonders nach dem Nibelungenlied. Der König wird von seinem unsichtbaren Helfer bei drei Spielen in der Weise unterstützt, dass er und die Seinen den Anschein des Sieges haben, während ihn der Helfer vollbringt. Das Ballspiel heisst Thorst. 186 nach alterthümlicher Weise *steinkast*.[1] — Der Helfer heiratet eine Jungfrau aus dem Riesenland, welche Godhrun heisst, wie die Tochter Giukis, und wird Lehensmann Godhmunds, wie Siegfried Günthers Lehensmann zu sein scheint.

Die zweite Erzählung erinnert an die für Siegfried verhängnissvolle Verbindung mit der Schwester Günthers, das Verlieren des Gedächtnisses bei Buchi mahnt geradezu an den Vergessenheitstrank, den Grimhildr, Gudhruns Mutter, dem Siegfried reicht.

Wenn ferner Godhmundr der Besitzer eines Elysiums ist, zu dem der Tod keinen Zutritt hat, wenn Ulfhedhinn Godhmundr, der Vater unseres Godhmundr nach Thorst. 183 von Geirrödhr, als er in dessen Hof seinen Tribut abliefern wollte, den Tod gefunden hat, also höchst wahrscheinlich durch Hinterlist oder Ueberfall von Geirrödhr getödtet worden ist, wenn Godhmunds Sohn Höfundr, der aber nach Thorst. 183 auch Godhmundr heisst, nach der Hervörsaga c. 6 die Walküre Hervör heiratet, so wird die Parallele zwischen Godhmundr und Günther durch den Rosengarten von Worms, den durch die hinterlistige Einladung zu Attila bei diesem veranlassten Untergang Günthers, durch seine Heirat mit der Walküre Brünhild vervollständigt.

Um die Uebereinstimmung zwischen der Godhmundssage und der von den Nibelungen zu erklären, genügt zunächst die

---

Huon de Bordeaux 1872; G. Paris, Revue germanique 16, 377 ff.; Romania 3, 494 ff.; A Graf, I complementi della Chanson d'Huon de Bordeaux XVIII ff. — Ein hilfreicher Zwerg Sindri kommt vor in der Egilssaga ok Asmundar FAS. 3, 447.

[1] Wie der Anker in Deutschland noch spät Senkelstein genannt wird. — Aber in Deutschland wurde das Steinwerfen nicht wie im Norden mit dem Ballspiel vertauscht; s. Bintz, Die volksthümlichen Leibesübungen des Mittelalters (1879) S. 1 ff.

Annahme eines Zufalls nicht. Die Fülle einzelner Züge ist zu gross. Es kann ferner keinem Zweifel unterliegen, dass die Godhmundssage rein mythisch ist, s. oben S. 704, während die Nibelungensage Historisches und Mythisches vereinigt. Es ist demnach sehr wahrscheinlich, dass die historische Sage von Günther, s. oben S. 679, die wir uns aber nach S. 683 schon mit der mythischen vom Rosengarten verbunden denken dürfen, einmal mit der mythischen von König Godhmundr in Berührung gekommen und mit ihr verschmolzen worden ist.

An Anlässen fehlte es nicht. In Godhmundr wie in der Günthersage finden wir einen König, der über eine Art Elysium gebietet, *Glaesisvellir, Ódáinsakr, Wangio, Rôsengarten*, der eine nahe weibliche Verwandte hat, deren Besitz verhängnissvoll ist, Ingibiörg, Hleidhr, — Hildiko. Beiden steht ein dämonisch gedachter König gegenüber, Geirrödhr, — Attila, s. Jordanes c. 24, durch dessen Tücke sie schliesslich ihren Untergang finden. Auch der Name lag nicht ferne ab; wenn wir uns Günther in sächsischer oder angelsächsischer Form vorstellen *Gudhere,* so kann der erste Bestandtheil auf ,Kampf‘ wie auf ,Gott‘ bezogen werden.

Siegfried war vielleicht schon vor Verbindung der Günthersage mit der Godhmunds zu diesem in der Rolle eines Beistandes in Beziehung getreten. Da Godhmunds Radhgiafi Sigurdhr heisst, da der Radhgiafi König Isungs von Bertangaland, des ältesten Besitzers des Rosengartens, unser Siegfried ist, Thidhrekssaga c. 168, s. oben S. 683, so möchte man wohl vermuthen, dass Siegfried zuerst an die Stelle jenes helfenden Gefährten König Godhmunds getreten sei, seiner Zauberkräfte und auch seiner Beziehungen zu einer Walküre wegen, der oben S. 690 besprochenen Punkte *A B*, die ihn zum Helfer bei Bewerbung um eine Walküre mochten geeignet erscheinen lassen. Dann wäre er von Godhmundr, der mit Isungr von Bertangaland den Besitz eines Elysiums und Beziehungen zu einer Walküre gemein hat, s. oben S. 688, diesem gleichsam abgetreten worden. Die Erbschaft Isungs gieng dann natürlich auf Günther, den König von Wangio über.

Die im Nibelungenlied und in der Thorsteinssaga übereinstimmende Verbindung des Helfers mit einem Zwerg, von dem er die Gabe der Unsichtbarkeit erhält, hatte für die Auffassung

Siegfrieds als Thorsteinn, Godhmunds Helfer, kaum eine Bedeutung. Das sind ätiologische Mythen, welche die dem Helfer
von Natur anhaftenden Zauberkräfte erklären sollen. S. oben
S. 698 f. die Incongruenzen in der Thorsteinssaga. Wichtig ist
nur, dass man bei Siegfried wie bei Thorsteinn Anlass hatte,
eine solche erklärende Vorgeschichte zu erfinden.

Ob es eine nordische Gestalt der Nibelungensage gegeben
habe, nach welcher Siegfried, der Lehrling oder Geliebte der
Walküre Sigrdrifa, dem Könige Günther gegen Attila bei gefährlichen Spielen zauberische Hilfe leistete, wobei dieser natürlich nicht umkommen durfte, aber eine klägliche Rolle spielen
musste, — s. die dunklen Erinnerungen an einen Aufenthalt
Siegfrieds bei Attila, Nibelungenlied 1097, Biterolf 9472.
6417, W. Grimm, Heldensage 73 [1], vgl. die Siegfriedmärchen
Germania 8, 373, Anzeiger für deutsches Alterthum 9, 260 —
und die verführerische Schwester (Tochter) Günthers heiratet,
deren Ehe mit Attila dann natürlich später fallen muss, eine
Verbindung, die ihm durch die historisch (Hildiko) und mythisch
(Ingibiörg) bezeugte Tücke der Frau oder durch die Günthers
(s. Godhmunds bei Saxo), oder durch die Habsucht Günthers
den Tod bringt, nachdem dieser eine von Sigrdrifa verschiedene
Walküre geheiratet hat, vielleicht auch hiebei von Siegfried
begleitet und unterstützt, — oder ob gleich, wozu die Vorliebe
für das Motiv der gefährlichen Brautfahrt führen konnte, die
zauberische Hilfe Siegfrieds für die Werbung um diese Walküre
verwendet, von der gefährlichen Situation bei Attila-Geirrödhr
auf die andere gefährliche Situation bei der Walküre übertragen
wurde, wobei in einer Form der Sage die ursprünglich nur bei
Attila-Geirrödhr passenden Spiele der Walküre zugeschrieben
und ihr angepasst wurden, in einer anderen das alte Motiv,
der Ritt durch die Waberlohe — s. Gerdhr, Menglödh — den
Charakter eines gefährlichen Spieles und einer zu erfüllenden Bedingung erhielt, — darüber möchte ich lieber keine Vermuthun-
gen wagen. Nur das ist sicher, dass Siegfrieds Untergang ursprünglich nicht durch die gekränkte Liebe der Gemahlin König
Günthers veranlasst sein kann, da diese eine andere Walküre
war als jene, von welcher Siegfried Belehrung oder Liebesgunst
erhalten hatte, zugleich aber auch, dass die Vorstellung, welche
Siegfried als Geliebten Sigdrifas kannte, einmal jene andre,

nach welcher er von ihr blos in wichtigen Dingen unterrichtet
wurde, verdrängte, wodurch die Identificierung beider Walküren,
Sigrdrifas und Brünhilds für einen Dichter oder die dichterisch
verfahrende Ueberlieferung nothwendig ward, umsomehr, als
der historische Charakter der burgundischen Königsfamilie doch
festgehalten wurde, der eine unbegreifliche Dämonentücke nicht
vertrug. Siegfrieds Untreue gegen Sigrdrifa, deren Kränkung
oder Empörung verlangten nothwendig Folgen und Wirkungen,
welche durch Verschmelzung der zwei Walküren zu einer in
ausgiebigster Weise gewonnen wurden.

Dass das Motiv der Rosengartenkämpfe für diese Gestalt
der Dichtung von König Günther, in welcher vor dem Untergang der Nibelungen im Hunnenlande die von Siegfrieds Zauber-
kräften unterstützte Werbung um die Walküre Brünhild mit
den daraus folgenden Verwicklungen die Hauptsache ist, auf-
gegeben wurde, ist nicht wunderbar. Siegfried hätte entweder
nach einer Fassung der Sage, von der vielleicht das Nibelungenlied bei Schilderung von Siegfrieds erstem Besuch in Worms
eine Spur bewahrt hat — s. Edzardi Germania 26, 175 — über
Günther siegen müssen, eine Rolle, die ihm als Gehilfen Günthers
nicht zukam, oder er wäre nach der Thidhrekssaga c. 222, den
Rosengärten und dem Anhang des Heldenbuches 7, 25. 10, 6
unterlegen, was wieder nicht zu der übermenschlichen Helden-
kraft passte, welche er gegen Brünhild und sonst entwickelte.

Da der Mythus von Godhmundr af Glaesisvöllum, sowie
der von den zweiten Nibelungen, den Söhnen Granmars, s.
oben S. 686 ff., — nur in Skandinavien, der mit den letzteren
verwandte von den Isungen in Deutschland und Skandinavien
nachgewiesen ist, kann man nach dem gegenwärtigen Stand unserer Kenntnisse nur schliessen, dass die Nibelungensage in
Skandinavien die uns bekannten Gestalten erhalten habe. Das
heisst: die deutsche mythische Siegfriedssage, ausgestattet mit den
Motiven A, B, s. oben S. 690 ff., und gewiss auch mit dem des
Drachenkampfes und des Schatzes — keineswegs aber mit dem
der von dem Drachen befreiten Jungfrau wie im Siegfriedslied
und in der Nibelungenhandschrift m, — und unverbunden mit ihr
die deutsche historische Günthersage mit den historischen Helden
Hagen (Aetius) am burgundischen, mit Dietrich am hunnischen
Hofe, und dem mythischen Rosengarten in Worms bereichert,

wanderten nach Skandinavien, wo ihnen durch die Aehnlichkeit
Günthers mit Godhmundr, Siegfrieds mit Thorsteinn, oder wie
immer dieser Helfer geheissen haben mag, eine Verbindung er-
möglicht wurde, dadurch, dass Siegfried erst zu Godhmundr, dann
zu Isungr, dann zu Günther in Beziehung tritt, in Folge deren die
burgundischen Fürsten nach dem Tode Siegfrieds als seine Erben
im Besitze des Schatzes Nibelungen genannt werden und mit den
zweiten Nibelungen, den nordischen Granmarssöhnen, denen ein
dämonischer Hagen zur Seite steht, verwechselt werden konnten.

In diesem Zusammenhang ist es auch begreiflich, warum
im Norden der historische Name Hildiko oder Grimhild mit
Gudhrun vertauscht ist, s. oben 3, S. 678. Es wird Godhrun
gemeint sein, zu Godhmundr gehörig, vielleicht eine seiner
verführerischen Töchter oder Schwestern, zugleich die Braut
aus dem Riesenlande, welche den helfenden Thorsteinn für sich
gewinnt.

Durch das Vorstehende sind die Punkt 1. *a) b) c) d) e) f)*,
2. *α) β)* erledigt. Was 1. *g)*, s. S. 677, anbelangt, so wäre es möglich, dass auf die Form der verrätherischen Einladung, durch
welche Günther seinen Tod findet, auch die Vereinigung der
Günther- mit der Siegfriedssage von Einfluss gewesen sei. Wenn
nämlich mit der Sage von Siegfried auch die von seinen Ahnen
nach dem Norden wanderte und sich dort durch Siegfried mit
der Günthersage vereinigte, so könnte bei Schilderung eines
verrätherischen Ueberfalles, dessen Opfer Günther wurde, die
dichtende Phantasie auf ein ähnliches Motiv in der Geschichte
von Siegfrieds Vater geleitet werden, die Einladung Siggeirs;
s. Rieger Germania 3, 196, Steiger, Die verschiedenen Gestalten
der Siegfriedssage 50 f.[1] Vgl. übrigens die historischen Berichte
von verrätherischen Einladungen; Müllenhoff, Zeitschr. 10, 150,
s. auch die von Jordanes c. 35 erzählte Einladung Fritigerns,
Saxs I, 1, 413 bei Gelegenheit der Harlungen.

---

[1] Was die Parallele von der Erzeugung von Hagens Sohn und Sinfiötlis
anbelangt, so findet sie sich nur in den jüngeren Quellen, Thidhrekssaga und Hvensche Chronik, und konnte hiebei also eine ursprünglich
zufällige Aehnlichkeit zwischen den verrätherischen Einladungen zu
Siggeirr und zu Attila und deren Folgen später durch Entlehnung des
Zugs von dem zu erzeugenden Rächer vergrössert worden sein.

Oben S. 689 wurde angenommen, dass auch die Tödtung
des Drachen und die Erwerbung des Schatzes der deutschen,
noch nicht mit der Burgundensage contaminierten Siegfriedssage angehört habe, da diese Züge in der Jugendgeschichte
des Helden sowohl bei deutschen als skandinavischen Bericht-
erstattern begegnen. Ob dieser Schatz aber schon in Deutschland von seinen Besitzern den Namen Nibelungenschatz geführt
habe, ist zweifelhaft. Möglich wäre es jedenfalls, dass die von
Siegfried besiegten Inhaber des Schatzes erst im Norden diesen
Namen erhielten. Im Norden ist die Vorstellung von *Niflheimr*
Niflhel, dessen Bewohner ebenso *Niflungar* heissen können,
wie die von *Muspellzheimr*, *Muspells synir, megir, lýdir*, gut bezeugt, während die von Laistner (1879) gesammelten und unter-
suchten deutschen Nebelsagen nicht ähnliches bieten.

Um 2. γ) δ), S. 678, zu erklären, ist es nothwendig, eine
Rückwanderung der auf die geschilderte Weise entstandenen
Nibelungensage nach Deutschland anzunehmen. Wenn hier
auch die zwei getrennten Sagen von Siegfried und von Günther
unterdess nicht ganz vergessen waren, so konnte es doch ge-
schehen, dass man den Namen Guthormr in der importierten
Sage nicht verstand und durch einen freierfundenen, aber allitte-
rierenden Namen, Gernot, ersetzte, während man letzteres bei
dem auch unverständlichen Giuki nicht für nöthig fand, Dankrat.
Daneben erinnerte man sich noch Gibicas wie Giselhers und
Krimhildens. — Aldrian mochte in der Thidhrekssaga an Gibicas
Stelle treten, weil dort Hagen, Aldrians Sohn, Bruder Günthers,
des Sohnes Gibicas ist. — Ueber Irungr s. oben S. 683.

Durch die Annahme einer Rückwanderung erklären sich
einige auffällige Thatsachen unserer deutschen Ueberlieferung,
die nichts mit den Abweichungen von der Geschichte zu thun
haben. Die Localisierung der Brünhild auf Island, der Nibelungen, des von Siegfried bezwungenen Volkes, in oder bei Norwegen — vielleicht auch der Name des einen der Königssöhne
Schilbunc, Nibelungenlied 88. 664; s. Müllenhoff, Zeitschr.
12, 295. — Wenn ferner in Deutschland und Frankreich der
Eigenname Nibelung seit dem 8. Jahrhundert ziemlich häufig
ist, Müllenhoff, Zeitschr. 12, 290 ff., in Skandinavien aber wie es
scheint nicht vorkommt, Mone, Quellen und Forschungen 112,

obwohl Eigennamen, wenn auch nicht auf -*ungr*,[1] doch auf -*ingr* gar nicht selten sind, *Hemingr*, *Lýtingr*, *Haeringr*, *Hyrningr*, *Svertingr*, *Biringr*, *Erlingr*, und Namen der Heldensage, wie Sigurdhr, Gunnarr, Gudhrun sonst sehr beliebt sind, so mag dies darin seinen Grund haben, dass in Deutschland die alten Siegfriedslieder, welche etwa die Gewinnung des Nibelungenschatzes erzählten, längt verschollen und vergessen waren, während die nordische Nibelungensage als ein fertiges literarisches Gebilde importirt wurde, dessen Namen ebensowenig zum Nachdenken aufforderten, als später. Iwein und Gawan.

Wann die zur nordischen Nibelungensage vereinigten Siegfried- und Günthersagen wieder nach Deutschland gekommen sind, lässt sich nur annähernd bestimmen. Der bei den Franken und auch im Wormsgau seit der zweiten Hälfte des 8. und im 9. Jahrhundert vorkommende Name Nibelung kann nicht von den Zwergen und Dämonen, wohl aber von den späteren Besitzern des Schatzes, die man als Helden fasste, ausgehen[2] und würde die im Norden vollzogene Verbindung der Günthersage mit der Sage von Siegfried, dem ersten Erwerber des Nibelungenschatzes, voraussetzen. Da der Name in den älteren Documenten fehlt, müssten wir annehmen, dass kurz vor der Mitte des 8. Jahrhunderts die Rückwanderung stattgefunden habe. Die Auffassung des Namens Nibelunc als eines literarischen ist jedenfalls wahrscheinlicher als die Annahme, es sei ein Patronymicum zu dem französischen *Nivalus*, *Nevelo*, dem deutschen *Nepolo*, Förstemann, Namenbuch 1, 955, E. Rückert, Oberon von Mons 106, da *nebalo* oder **nebolo* als Name gegen alle Erfahrung verstösst und *Nivalus*, *Nevelo* Romanisierung von *Nibelung* sein könnte, *Nepolo* der deutsche Name in romanischem Gewande; s. oben S. 674 *nebulones*.

Aber die neue aus Skandinavien importierte Geschichte wurde zunächst nur durch mündlich prosaischen Vortrag ver-

---

[1] *Sturlungar* u. dgl. sind Appellativa. In der Poesie Völsungr, Isungr.
[2] S. Konrad von Ammenhausen:

> *als noch dicke geschiht,*
> *wâ man einen biderbén man siht,*
> *dem bœseu dinc unmœre sint,*
> *nâch dem nemmet einer gern sîn kint*
> *denn nâch einem bœsen wihte.*

breitet, wenigstens im Westen und Südwesten Deutschlands.
Denn wäre im 9. Jahrhundert dieser Stoff, unter Anderem auch
die Erzählung vom Untergang der Burgunden durch die Hunnen,
auf fränkischem oder alemannischem Boden Gegenstand poetischer Tradition oder Production gewesen, so konnte Otfried,
der Südfranke, der so nahe am Rhein und Worms lebte, der
Schüler des mit nordischer, also in der Landessprache abge-
fasster Literatur nicht unvertrauten Rabanus Maurus [1] in dem
Widmungsbrief an Bischof Liutbertus nicht so von der deutschen Laienpoesie sprechen, wie er es thut. Im Eingang: *dum
rerum quondam sonus inutilium pulsaret aures quorundam proba-
tissimorum virorum eorumque sanctitatem laicorum cantus inquie-
taret obscenus* usw. Und später: *lingua enim haec (Theotisca)
velut agrestis habetur, dum a propriis nec scriptura nec arte ali-
qua ullis est temporibus expolita; quippe qui nec historias suorum
antecessorum ut multae gentes ceterae, commendant memoriae,
nec eorum gesta vel vitam ornant dignitatis amore.* Hätte er
epische Lieder in deutscher Sprache gehört, so wäre es doch
zu seltsam, dass er nur die Existenz lyrischer — wahrscheinlich Liebes- oder Spottlieder — tadelnd bestätigte, die Existenz
aufgeschriebener [2] epischer Lieder verneinte, ohne der Existenz
nicht aufgeschriebener, aber gesungener Epik mit einem Worte
zu gedenken, die ihm ja nach der in der zweiten Stelle und
im Gedichte 1, 1 ausgesprochenen Gesinnung sehr erfreulich
hätte sein müssen.

    Als einen Beweis, dass es zu Otfrieds Zeit keine lebendige
Epik mehr gegeben habe, oder dass die alten Lieder mit Stoffen
aus den Zeiten der Völkerwanderung und kurz nachher im
9. Jahrhundert durchaus vergessen waren, dürfen wir Otfrieds
Ausdrucksweise allerdings nicht fassen, da Paulus im 8. Jahrhundert zu seiner Zeit gesungene Lieder auf Alboin bei Baiern,

---

[1] De inventione Linguarum ed. Köln 6, 333: *Litterae quippe quibus utuntur
Marcomanni, quos nunc Nordmannos vocamus, infra scriptae habentur, a
quibus originem qui Theodiscam loquuntur linguam trahunt, cum quibus
carmina sua incantationesque et divinationes significare procurant, qui
adhuc paganis ritibus involvuntur.*

[2] *memoriae commendant* wie *memoriae mandavit* bei Einhart von der Aufzeichnung deutscher Lieder durch Karl den Grossen. S. Lachmann bei
W. Grimm, Heldensage 27[2].

Sachsen u. a. bezeugt, De Gestis Langob. 1, 27,[1] für Sachsen
auch das Hildebrandslied, der Heliand, im 10. Jahrhundert Widu-
kinds Erzählungen, im 11. das Quedlinburger Chronicon M G.
SS. 3, 31 [2] sprechen, für Friesland im 9. Jahrhundert der blinde
Sänger Bernlef, Altfridus Vita Liudgeri MG. SS. 2, 412,[3] — für
Alemannien im 10. Jahrhundert vielleicht der Waltharius, für
Franken im 9. Jahrhundert vielleicht der Poeta Saxo 5, 117,[4]
demzufolge es *vulgaria carmina* gab, in denen karolingische und
merovingische Fürsten besungen wurden.

Noch allgemeiner hatte sich Einhardus in der Vita Carolic.
29 [5] und ihm folgend der Poeta Saxo 5, 545 [6] ausgedrückt, wenn
sie die Aufzeichnung alter historischer Lieder, der *barbara et
antiquissima carmina* durch Karl den Grossen erzählen. Diese
Sammlung dürfen wir wohl unter den deutschen Büchern mit
Stoffen der Heldensage verstehen, welche im 10. Jahrhundert
Fulco, der Erzbischof von Reims, kannte, MG. SS. 3, 365.[7]
Auf die Stelle bei Thegan De gestis Ludovici M G. SS. 2, 594
ist nichts zu geben. Sie lautet: *latinam vero sicut naturalem
aequaliter loqui potuit. sensum vero in omnibus scripturis spiri-
talem et moralem nec non et anagogen optime noverat. poetica carmina gentilia, quae in iuventute didicerat, respuit, nec legere
nec audire nec docere voluit.* Dann von seinen körperlichen
Eigenschaften. Unter den *carmina gentilia* können also sehr
wohl die heidnischen Dichter Virgil und Ovid verstanden sein.

---

[1] *Alboin vero ita praeclarum longe lateque nomen percrebuit, ut hactenus etiam
apud Baioariorum gentem quam et Saxonum, sed et alios eiusdem linguae
homines — in eorum carminibus celebretur.* Paulus hat also den Begriff
der germanischen Sprachen, die *alii homines* können Angelsachsen sein.
S. Widsidh 70 ff.

[2] *et ille fuit Thideric de Berne, de quo cantabant rustici olim.*

[3] *is Bernlef cognomento vicinis suis admodum carus erat, quia antiquorum
actus regumque certamina more gentis suae non inurbane cantare noverat.*

[4] *Est quoque iam notum, vulgaria carmina magnis Laudibus eius avos et
proavos celebrant: Pippinos Carolos Hludovicos et Theodricos et Carlo-
mannos Hlothariosque canunt.*

[5] *Item barbara et antiquissima carmina quibus veterum regum actus et bella
canebantur, scripsit memoriaeque mandavit.*

[6] *nec non quae veterum depromunt praelia regum Barbara mandavit carmina
litterulis.*

[7] *Subiicit (Fulco) etiam ex libris teutonicis de rege quodam Hermenrico nomine.*

Vollgiltige Zeugnisse für epischen Volksgesang im aus-
gehenden 8. und im 9. Jahrhundert haben wir demnach nur
für Baiern, Sachsen und Friesland. Denn der Waltharius kann
aus einem deutschen Buche geschöpft haben, das Lieder. enthielt, die am Ende des 8. und im 9. Jahrhundert nicht mehr
gesungen wurden. Otfried, der doch mit Alemannien in Verbindung stand weiss nichts von lebendiger Epik daselbst und
leugnet ein solches Buch. Ganz unsicher ist das einzige Zeugniss für Franken, das des Poeta Saxo. Wir lernen aus seinen
Worten nicht, ob die Lieder, wenn sie deutsch waren, zu seiner
Zeit noch gesungen wurden, — Otfried der Franke weiss nichts
davon, — noch ob sie aufgeschrieben waren, — Otfried leugnet
es, — noch ob sie epischer Natur waren oder lyrischer wie das
Ludwigslied, — solche Enkomien auf lebende Personen stellt
Otfried nicht in Abrede. Aber auch dass er fränkische Lieder
meinte ist nicht bewiesen, auch andre Stämme konnten von
Karolingern und Merowingern gesungen haben, und die Möglichkeit ist nicht ausgeschlossen, dass er westfränkische vielleicht
sogar romanische Gedichte gemeint habe; Rajna, Origini dell'
epopea francese 275 ff. Und diese Möglichkeit müssen wir
benutzen. Denn was in Baiern und Sachsen vorgieng, brauchte
Otfried nicht nothwendig zu wissen. Aber die literarischen
Zustände seiner nächsten Landsleute, der Süd-, Rhein- und
Ostfranken, der südlichen Ripuarier und auch Alemannen
musste er bis zu einem gewissen Grade kennen.

Bei diesen Stämmen gab es demnach im 9. Jahrhundert
entweder gar keine epische Poesie mit Stoffen der Heldensage, weder wurden die alten Lieder noch gesungen noch neue
mit den alten Stoffen gedichtet, — oder es war die literarische
Thätigkeit und Erinnerung so gering, dass Otfried sie übersehen
konnte. Also auch keine Lieder von Günther und Attila, —
die Otfried für geschichtlich hätte halten müssen, — also auch
keine mit dem Stoffe unserer Nibelungensagen. Damit stimmt auch
die Namensform *Criemhilt* in einer Wormser Urkunde von 785,
Müllenhoff, Zeitschr. 12, 299. Wo immer diese Form entstanden ist, und sie kann auch auf einer mitteldeutschen
Bildung *krim* für *grim* wie *kizzi* neben *geiz* beruhen, immer ist
sie schwer mit der Vorstellung lebendiger Nibelungendichtung
in Einklang zu bringen, da Grimhild doch in der Allitteration

vorkommen musste. Entweder gab es an den Orten, wo Criemhilt entstand und aufgenommen wurde, gar keine Günther- oder
Nibelungensage, oder keine Dichtung, sondern nur mündlich-
prosaische Tradition, oder es fand ein plötzlicher Bruch mit
der vorhandenen Dichtung statt und man ersetzte Gedichte, in
denen Grimhild mit *gold* allitterierte, durch andre, in denen der
Name mit *kraft* gebunden werden konnte.

Die Sammlung Karl des Grossen müsste dann, wenn sie
fränkische und alemannische Lieder aus alter Zeit *antiquissima
carmina* enthielt, sehr geringe Verbreitung gehabt haben, oder sie
enthielt kein Lied in einer Sprache, welche Otfried für *Theodisca*
ansah. Es können westfränkische, niederfränkische, sächsische
Lieder gewesen sein, vielleicht spielt *multae gentes ceterae* darauf an.

Die erste Blüthezeit der epischen Poesie war im 9. Jahrhundert wohl für ganz Oberdeutschland schon lange vorbei;
aber es bereitete sich zum Theil durch fremden Einfluss eine
zweite vor. Im 10. Jahrhundert kamen die Markgrafen Gerc
und Eckewart, der Bischof Pilgrim von Passau in den Epos;
die Einfügung Irnfrids von Thüringen, Irings, s. Widukind,
Volkers und des mythischen Rüdiger von Pöchlarn braucht nicht
älter zu sein. Im 10. Jahrhundert finden wir auch die ersten Zeugnisse für Bekanntschaft mit der norddeutschen oder skandinavischen Gudrunsage, in Alemannien *Guterun*, in Baiern *Chutrun*,
Zeitschr. 12, 315. 27, 312, — etwas später gelangte die Star-
kadhsage nach dem Süden, Anzeiger f. d. Alt. 10, 68.

In welcher Gestalt die Stoffe der deutschen Lieder von
Siegfried und Günther nach dem Norden wanderten, in welcher
Gestalt der Inhalt der Nibelungensage von Skandinavien nach
Deutschland gelangte, ob durch gesungene Lieder oder prosaische mündliche Erzählung oder beides, wissen wir nicht. Denn
dass es in Deutschland oder bei den Angelsachsen kein Ana-
logon zu der in Skandinavien so gut bezeugten mündlichen
Tradition kunstmässiger Prosa gegeben habe, lässt sich nicht
beweisen. Die von Lachmann in der Kritik der Sage, Anmerkungen zum Nibelungenliede S. 348, hervorgehobenen Uebereinstimmungen zwischen deutscher und nordischer Dichtung in
Einzelheiten poetischer Ausführung können auch in prosaischer
Erzählung aus dem Norden nach Deutschland oder von hier nach
dem Norden gewandert sein. Letzteres mag der Fall sein bei

dem Motiv der ahnungsvollen Träume, durch welche die Burgunden von der Fahrt nach dem Hunnenland abgehalten werden sollen. Nibelungenlied 1449, Atlamal 10, Völsungasaga c. 34 f., Grimilds haevn A 4. 5,. B 3. 4, — nur Abmahnungen finden sich in der Thidhrekssaga c. 362, in der Hvenschen Chronik, Grundtvig Folkeviser 1, 40, im faeröischen Högnilied 27. Das kann eine Erfindung deutscher Poesie des 6. Jahrhunderts sein, möglicherweise, wie Lachmann schon bemerkt hat, nicht der Nibelungen-, sondern der historischen Günther- oder Burgundendichtung angehörig. Aber bei der Beliebtheit prophetischer Träume in der nordischen Prosaliteratur und Verbreitung der isländischen Saga W S B. 97, 157 ist nordischer Ursprung nicht ausgeschlossen.

Auf diesen weisen die andern Uebereinstimmungen ziemlich deutlich. Dass Hagen auf der Fahrt zu den Hunnen so heftig rudert, dass das Ruder bricht, Nibelungenlied 1504, Atlamal 35, Völsungasaga c. 35, Thidhrekssaga c. 366, Grimilds haevn A 19 (Volker), Högnilied 57 könnte nach der Situation allerdings der deutschen Günthersage angehören, es ist aber nicht wahrscheinlich, dass Binnenländer einen Helden als gewaltigen Schiffer feiern, während sich der Zug im Norden auch sonst findet, s. W S B. 97, 155, — dazu auch Fridhthiofssaga FAS. 2, 88 — und auch bei den seefahrenden Griechen von Herakles erzählt wurde, Bugge, Studien 13. Die Stellung des Ruderers mit dem Gesicht gegen das Steuer, welche für das Ruderbrechen beinahe nothwendig ist, finde ich zwar bei den Skandinaviern FMS. 7, 258, aber nicht bei den Deutschen des Binnenlandes bezeugt. — Dass die Burgunden bei ihrer Ankunft im Hunnenlande gleich nach dem Schatz gefragt werden, Nibelungenlied 1677. 1679 (von Kriemhilt), Völsungasaga c. 36 (von Atli), nicht auch in der Liederedda, s. Symons PB Beiträge 3, 242 f., Thidhrekssaga c. 373 (von Grimildr), vgl. Högnilied 85 ff., — dass der überlebende Günther sagt, der Schatz, um den Niemand wisse als er selbst, solle auf immer verborgen bleiben, Nibelungenlied 2306. 2308, Atlakvidha 26, Völsungasaga c. 37 setzt die Auffassung der Burgunden als Herren des Schatzes, als Nibelungen, somit die Verbindung der Günther- mit der Siegfriedsage voraus und verräth dadurch nordischen Ursprung.

www.ingramcontent.com/pod-product-compliance
Lightning Source LLC
Chambersburg PA
CBHW030310100426
42812CB00002B/639